BLV Naturführer

Mein Hobby: Schmetterlinge beobachten

Wie – wann – wo?

Dr. Josef Reichholf
Zoologische Staatssammlung München

BLV Verlagsgesellschaft
München Wien Zürich

Bildnachweis:

Angermayer: 23; Bellmann: 9, 12 r, 19 u, 28, 29, 30 u, 35, 37 ul, 40 l, 50 r, 88, 138 o, 162, 169, 170; Eisenbeiss: 17 l, 27, 55, 167; Eisenreich: 15, 24, 39 ul, 48, 49, 77 ol, 77 u, 80 o, 80 u, 82 o, 82 u, 86, 87, 145 o, 145 u; Handel: 77 or; Labhardt: 22 r; Löhr: 20, 41 ul, 90, 138 u; Pfletschinger/Angermayer: 10, 13, 17 r, 30 o, 31, 33, 37 o, 37 M, 39 o, 39 M, 39 ur, 40 r, 41 or, 41 M, 41 ur, 43 ol, 43 ur, 45, 51, 62, 71, 92 o, 92 M, 92 u, 93, 94, 134, 135, 136 o, 136 u, 139, 143, 166, 174; Roer (Zoologisches Forschungsinstitut und Museum Alexander König, Bonn): 63; Seidl: 26; Zepf: 2, 6, 12 l, 14, 16, 19 o, 21, 32, 36, 37 ur, 43 or, 43 ul, 50 l, 57, 58, 65, 100, 140, 142 o, 142 u, 144, 148, 152, 153 o, 153 u, 154; Zoologische Staatssammlung, München: 11, 34 o, 34 u, 99 o, 99 u; Alle übrigen Fotos stammen vom Verfasser
Titelfoto: Wilhelm Eisenreich; artenreiche Magerwiesen und Brachflächen bieten zahlreichen Faltern Lebensraum und Nahrung – so lebt z. B. die Raupe des Schwalbenschwanzes (kleines Foto) an Wilder Möhre.
Foto S. 2: Kleiner Ampferfeuerfalter
Grafiken: Barbara von Damnitz
Textautor des Kapitels »Schmetterlinge fotografieren«: Wilhelm Eisenreich.

CIP-Kurztitelaufnahme der Deutschen Bibliothek

Reichholf, Josef:
Mein Hobby: Schmetterlinge beobachten: wie – wann – wo? / von Josef H. Reichholf. – München; Wien; Zürich: BLV Verlagsgesellschaft, 1984.
(BLV Naturführer; 135/136)
ISBN 3-405-12937-0

NE: GT

BLV Naturführer 135/136

Satz und Druck: Georg Appl, Wemding
Bindung: Großbuchbinderei Monheim

Printed in Germany · ISBN 3-405-12937-0

BLV Naturführer

Nachtfalter · Pilze · Vögel · Alpenblumen · Heimische Pflanzen 1 · Aquarienfische · Mineralien + Gesteine · Heimische Pflanzen 2 · Insekten · Säugetiere · Fische · Giftpflanzen – Gifttiere · Wasservögel – Strandvögel · Bäume + Sträucher · Bach – Fluß – See · Heilpflanzen · Wolkenbilder – Wettervorhersage · Schmetterlinge · Wald und Forst · Mein Hobby: Vögel beobachten · Mein Hobby: Steine sammeln · Sterne und Sternbilder · Versteinerungen · Wiesen und Felder · Hunde · Mein Hobby: Pflanzen kennenlernen · Pflanzen am Mittelmeer · Alpen · Strand und Küste – Wattenmeer · Mein Hobby: Schmetterlinge beobachten

BLV Bestimmungsbücher

Pilze · Farbige Pflanzenwelt · Meeresfische · Süßwasserfische · Aquarienfische · Heilpflanzen · Steine + Mineralien · Sterne + Planeten · Tierspuren · Pflanzen- und Tierwelt der Alpen · Bäume + Sträucher · Blumen am Mittelmeer · Pflanzen Europas · Hunderassen der Welt · Insekten + Weichtiere · Muscheln + Schnecken · Edelsteine und Schmucksteine · Katzenrassen der Welt · Säugetiere Afrikas · Wetterkunde für alle · Die Höhlen Europas · Bäume und Sträucher Europas · Vögel · Pferderassen der Welt · Orchideen Europas · Tierische Schädlinge · Aquarienpflanzen · Farne – Moose – Flechten · Gräser · Pflanzen der Tropen · Pilzführer · Tiere und Pflanzen an Mittelmeerküsten · Amphibien und Reptilien · Säugetiere

BLV Intensivführer

Vögel 1 · Laubgehölze · Alpenpflanzen · Pilze 1

BLV Dreipunkt-Bücher

Frühling im Wald · Vögel in Garten und Park · Bäume und Sträucher · Pilze · Pflanzen der Wiese · Sommer im Feuchtgebiet

Weitere BLV Naturbücher

Bergmann/Helb, Stimmen der Vögel Europas · Bianchini/Corbetta/Pistoia, Der große BLV Heilpflanzenatlas · Cetto, Der große Pilzführer, Band 1–3 · Edlin/Nimmo, BLV Bildatlas der Bäume · Eisenreich, Der große BLV Naturführer · Keith/Gooders, BLV Vogelführer · Mottana/Crespi/Liborio, Der große BLV Mineralienführer · Nielsen/Hancke, Heilpflanzen in Farbe · Pacioni, Das neue BLV Pilzbuch · Schauer/Caspari, Der große BLV Pflanzenführer · Schütt/Koch/Blaschke/Lang/Schuck/Summerer, So stirbt der Wald · Schuhmacher, Korallenriffe

Inhaltsverzeichnis

Vom Sammeln zum Beobachten

Finden Sie nicht auch, daß Schmetterlinge schön sind; zu schön, um sie einfach zu töten, auf feine Nadeln aufzuspießen, die Flügel zu spannen und die Falter dann in lichtgeschützten Kästen verschwinden zu lassen? Wäre es nicht viel besser, sich an der lebendigen Schönheit der Schmetterlinge zu erfreuen, mehr über ihr Leben zu erfahren und sie in unserer so arg strapazierten Umwelt auch für die Zukunft zu bewahren?
Gewiß, wissenschaftliche Schmetterlingssammlungen haben ihre Bedeutung und Berechtigung. Daran ist nicht zu rütteln. Aber längst nicht jeder Zehnte, der anfängt, Schmetterlinge zu sammeln, legt damit den Grundstein einer wissenschaftlich bedeutsamen Sammlung. Dies sollte erst dann geschehen, wenn man sich lange genug mit den lebenden Schmetterlingen befaßt hat. Die Zeiten, als es Falter im Überfluß gab, sind längst vorbei. Die meisten Arten wurden selten und die »Roten Listen«, in denen die gefährdeten Arten geführt sind, werden immer länger. Jede vierte Schmetterlingsart gilt in Mitteleuropa als bedroht. Wollen wir da unnötiges Sammeln noch verantworten? Sicher gibt es irgendwo in abgelegenen Winkeln der Welt noch viele neue Arten zu entdecken und zu beschreiben. Aber hierzulande, in Mitteleuropa, kennt man längst die Arten und auch ihre feinere Untergliederung in Unterarten oder die Variationen. Hierin sich weiter zu vertiefen, ist Sache der Spezialisten, der Schmetterlingsforscher. Viel Erfahrung und umfangreiche Spezialkenntnisse braucht man dazu.
Dem interessierten Laien, dem Schmetterlingsfreund, stehen andere Betätigungsfelder offen. Nicht minder bedeutsam als zur Arbeit an und mit den Sammlungen ist er gerufen, im Freiland tätig zu werden. Hierzu braucht er weder Giftglas noch Spannbrett, höchstens ein einfaches Fangnetz, ein kleines Fernglas und einen Notizblock – und ein paar Anleitungen oder Anregungen. Solche soll dieses kleine Buch vermitteln!
Der Schmetterlingskunde steht eine ähnliche Umwälzung bevor, wie der Vogelkunde vor gut einem Vierteljahrhundert. Damals, in den fünfziger Jahren, wurde sie zur eigentlichen Feldornithologie – und bekam einen Zulauf interessierter Laien, wie nie zuvor! Schnell wurde es unmodern, private Vogelbalgsammlungen anzulegen, die bis dahin eine so zentrale Rolle gespielt hatten. Heute käme wohl kein Ornithologe mehr auf die Idee, sich mit der Schrotflinte anstatt mit dem

Veilchen-Perlmutterfalter *(Clossiana euphrosyne)* auf einer Veilchenblüte.

Vom Sammeln zum Beobachten

Fernglas zu bewaffnen, um eindeutige Belege seiner Beobachtungen beizubringen. Im Gegenteil; die Ornithologen wetteifern miteinander in der Verbesserung und Vertiefung der Artenkenntnis. Bestimmungsbücher der Vogelarten Europas erreichen Millionenauflagen – in Deutschland allein Hunderttausende! Feldornithologen gleich welcher beruflichen Herkunft leisten hervorragende Forschungsarbeit. Man muß kein Zoologe mit Hochschulausbildung sein, um hier zum Könner zu werden. Und man braucht keine Spitzenleistungen zu vollbringen, um einen wertvollen Beitrag zu leisten zur Erhaltung der Vogelwelt. Gerade die ausdauernde Kontrolle der Vogelbestände über Jahre ermöglicht es, die Bestandsentwicklungen im örtlichen und überörtlichen Maßstab abzuschätzen und zu beurteilen.
Solche Daten, von Amateuren erarbeitet, würden wir dringend brauchen, um auch die Entwicklung bei den Schmetterlingen verfolgen zu können. Es nutzt nichts, sich über den Rückgang der Tagfalter zu beklagen, ihr Verschwinden zu bedauern und irgendjemand die Schuld dafür zuzuschieben. Es würde auch zu wenig bringen, Insektenkundler von Beruf auf das Problem des Rückganges der Schmetterlinge mit Forschungsarbeiten anzusetzen. Denn der Einzelne kann einfach nicht genug leisten, um großflächig die Entwicklung wenigstens unter Kontrolle und Beobachtung zu halten – von Gegenmaßnahmen ganz zu schweigen.
Helfen dagegen viele zusammen, wird gewiß ein ähnlicher Effekt wie bei den Vogelkundlern und Vogelschützern eintreten: Man weiß in vielen Fällen und bei vielen Arten gut genug Bescheid über Art und Ausmaß der Bestandsrückgänge, um sinnvolle Gegenmaßnahmen einleiten zu können. Schmetterlingsfreunde tun sich dabei im Grunde genommen sogar erheblich leichter als die Vogelfreunde. Denn die meisten Schmetterlinge kommen mit ungleich weniger Lebensraum noch zurecht als Vögel. Ein paar Quadratmeter im eigenen Garten mögen schon für die eine oder die andere Art als Refugium ausreichen. Jeder für sich kann deshalb durchaus zur Erhaltung der Schmetterlinge beitragen.
Das Beobachten von Schmetterlingen soll daher keineswegs bloß Ersatz für das bisherige – und jetzt durch die Bundesartenschutzverordnung im Rahmen des Bundesnaturschutzgesetzes stark eingeschränkte – Sammeln und Präparieren sein. Vielmehr bildet es eine sinnvolle und sehr notwendige Ergänzung dazu. Die wissenschaftliche Museumsarbeit an Vogelbäl-

Der Apollo-Falter *(Parnassius apollo)* variiert in den verschiedenen Gebieten, in denen er vorkommt, insbesondere in der Zahl der roten und schwarzen Flecken. Er zählt zu den besonders geschützten Schmetterlingsarten.

gen wurde durch die Entwicklung der modernen Feldornithologie auch nicht abgelöst und verdrängt, sondern eben auf jene Fragestellungen beschränkt, die nur mit Hilfe der Bälge und Präparate zu lösen sind. Für den Schutz der Vögel leistet aber die Feldornithologie inzwischen längst den weitaus bedeutenderen Teil – und kann auch auf beachtliche Erfolge verweisen. Ganz ähnliche Entwicklungen sind bei den anderen Tiergruppen angelaufen, etwa bei den Kriechtieren und Lurchen. Warum sollte also die bunte Welt der Falter nicht in ähnlicher Weise neue Freunde und entsprechenden Zulauf bekommen können, ohne daß die »Belegstükke« genadelt in den Insektenkästen landen; neue Freunde und neue Helfer in den Bemühungen um die Erhaltung der Falterwelt, ohne die unsere Welt doch so viel ärmer wäre? Das ist das eigentliche Anliegen dieses Buches.

Vielfalt der Farben und Formen

Schönheit zum Warnen, Tarnen und Täuschen

Zugegeben, eine Faltersammlung wird Bewunderung hervorrufen, wenn sie gut präpariert und ordentlich gesteckt ist. Solche Sammlungskästen können Schmuckstükke sein, die sich vom ästhetischen Wert durchaus mit schönen Muschel-, Briefmarken- oder Münzensammlungen messen können. Doch wieviel mehr Schönheit offenbart sich am lebendigen Schmetterling! Hier sind die vielen bunten Muster und Zeichnungen nicht durch die Einheitshaltung der Flügel unterbrochen. Sie fließen ineinander über. Sie verbinden Vorder- und Hinterflügel zu einem einheitlichen Ganzen oder steigern die Kontraste, wo nicht Tarnung, sondern Warnung beabsichtigt ist. Am gespannten Falter läßt sich oft nur vermuten, wie die Zeichnung beim lebendigen Tier aussehen und

Wie abgebrochene Aststückchen wirken die beiden lebenden Mondfleck-Falter *(Phalera bucephala)*. Ihre Flügel halten sie in charakteristischer Weise zusammengerollt. Der Kopf ist tief nach unten gezogen. Das verstärkt die täuschende Wirkung.

wirken könnte. Zu unterschiedlich sind die Flügelstellungen. Manche Arten spannen sie breitflächig nach den Seiten aus, andere legen sie in Ruhe nach oben zusammen, falten sie zu einem Dach, unter dem sich der Körper verbirgt, oder rollen sie geradezu ein, so daß der Eindruck eines abgebrochenen Holzstückchens oder Ästchens entsteht.
Ein paar Beispiele, die sich leicht beobachten lassen: Das Tagpfauenauge *(Inachis io),* eine unserer häufigsten und bekanntesten Tagfalterarten, kippt die Flügel in Ruhestellung – auch beim Überwintern – so nach oben, daß die Oberseiten eng aneinander liegen und nur die dunkel marmoriert gezeichnete Flügelunterseite sichtbar bleibt. Die Augenflecke sind dadurch verborgen. Der Falter sieht nun einem hängengebliebenen, dürren Blatt recht ähnlich. In dieser Stellung überdauert er den Winter in Ritzen unter der Baumrinde, in Dachböden

Gespannt und präpariert sieht der Mondfleck-Falter *(Phalera bucephala)* ganz anders aus. Die Flügel sind flach ausgebreitet und das Zeichnungsmuster ist auseinandergerissen, so daß der Eindruck des dürren Ästchens nicht entstehen kann.

2 Augenpaare leuchten aus den weit geöffneten Flügeln des Tagpfauenauges *(Inachis io)*; durch Bewegung der Flügel wird die Wirkung noch verstärkt. Bei geschlossenen Flügeln ist von der so charakteristischen Augenzeichnung nichts mehr zu sehen. So überwintert der Falter auch. Das rechts abgebildete Exemplar hat eine Flügelverletzung (vgl. S. 50).

im Gebälk oder in Schuppen. Wird er doch von einem Vogel oder von einer Spitzmaus aufgestöbert, öffnet der Falter die Flügel und in diesem »Augenblick« leuchten dem Feind zwei Augenpaare entgegen. Meist reicht dies, um die »Schrecksekunde« zur Flucht zu nutzen. Beim Blütenbesuch verhält sich das Tagpfauenauge ähnlich. Es öffnet und schließt die Flügel immer wieder und läßt auf diese Weise für die Vögel immer aufs neue Augen aufblitzen, vor denen sie zurückschrecken. Nur zum Sonnen nach kühler Witterung hält das Tagpfauenauge die Flügel längere Zeit geöffnet. Es nimmt damit über den Blutstrom, der die Adern im Flügel durchzieht, Wärme auf.
Die Kohlweißlinge dagegen bleiben mit mehr oder weniger geöffneten Flügeln an den Blüten sitzen, die sie besuchen. Nur abends, wenn sie sich an einer geeigneten Pflanze zur Übernachtung anhängen, schließen sie die Flügel. Ihre überwiegend gelblichweißen Flügel tragen nur wenig auffallende, dunkle Punkte und Spitzen. Jeder sieht sie, und keinem hungrigen Vogel würden diese Falter entgehen, wenn er sich entsprechend anstrengte, um den Kohlweißling zu erhaschen. Doch wieviele Kohlweißlinge Ihren Garten auch durchfliegen mögen, die Meisen, Fliegenschnäpper oder Schwalben interessieren sich nicht dafür. Das läßt sich gut beobachten! Und achten Sie genau darauf, was passiert, wenn doch einmal ein Singvogel einen Kohlweißling gefangen hat. In aller Regel wird er ihn nur kurz probieren und dann wieder ausspeien. Die Falter enthalten nämlich Giftstoffe, die sie von den Futterpflanzen übernommen haben, an denen die Raupen fraßen.

Bei den Kohlweißlingen sind dies Senföle der Kreuzblütler, die gegenüber den meisten Singvögeln als guter Schutz wirken.
Das Tagpfauenauge besitzt solche Schutzstoffe nicht, denn seine Raupen leben an Brennesseln. Die Ameisensäure der Brennhaare läßt sich nicht in den Raupen oder Puppen bis zum Schmetterling speichern, weil sie viel zu flüchtig ist. Von der leicht verdampfenden Ameisensäure befreit, lassen sich Brennesseln daher durchaus auch als Salat genießen. Kühe, Schafe oder Rehe meiden die Brennesseln, weil sie daraus ja nicht zuerst die Ameisensäure entfernen können, bevor die Pflanzen in den Mund gelangen. Brennesseln bleiben daher auf den Weiden und an Waldrändern stehen. Die Raupen der Tagpfauenaugen und anderer Schmetterlinge leben daran. Sie bekommen keine Schutzstoffe gegen das Gefressenwerden mit, und die Falter müssen daher auf andere Abwehrmethoden ausweichen, weil sie den Singvögeln gut schmecken!
Die Augenflecke stellen somit keinen Ausdruck reiner Schönheit, sondern eine Überlebensnotwendigkeit dar – so meinen die Biologen, die sich mit dem Tagpfauenauge näher beschäftigt haben.
Beobachten Sie selbst!
Oft findet sich auch in Dachböden und Speichern ein Tagpfauenauge, das den Winter nicht überlebte. Schon eine einfache Lupe zeigt eine geradezu phantastische Schönheit in der Augenzeichnung. Winzige, mit bloßem Auge gerade noch als feine Stäubchen erkennbare Schuppen fügen sich, unterschiedlich gefärbt, zur Augenzeichnung zusammen und imitieren sogar Lichtreflexe, wie sie bei größeren Augen von Wirbeltieren auftreten. Nicht das Komplexauge der Insekten, das aus Tausenden von winzigen Einzelaugen zusammengesetzt ist, bildet das »Vorbild«, sondern das Pupillenauge der Feinde, der Vögel und Säugetiere!
Solche Augenmuster sind weit verbreitet. Sie tauchen in den verschiedenen Schmetterlingsgruppen auf. Das Abendpfauenauge *(Smerinthus ocellata)*, ein häufiger Vertreter der Schwärmer, trägt ein solches Augenpaar auf den Hinter-

Der Große Kohlweißling *(Pieris brassicae)* hält die Flügel stets etwas geöffnet; er ist auch im Kulturland häufig zu finden. Durch Giftstoffe sind die Falter vor Feinden weitgehend sicher.

Nur bei Störung präsentiert das Abendpfauenauge *(Smerinthus ocellata)* die Augenzeichnung der Hinterflügel; in der Ruhehaltung werden diese von den Vorderflügeln verdeckt.

flügeln. Ruht dieser Schmetterling irgendwo im Gebüsch, so decken die Vorderflügel die Hinterflügel zu. Mit ihrer bizarren Form wirken sie wie verdorrende Blätter. Stochert doch eine Meise an diesen »dürren Blättern«, dann zieht das Abendpfauenauge urplötzlich die Flügel nach vorne, dreht den freiwerdenden Hinterleib nach oben und beginnt damit zu wippen. Jetzt sind die Hinterflügel mit dem Augenpaar hervorgekommen. Im Zwielicht des Gebüsches sehen sie nun wie ein schnüffelndes Kleinraubtier aus. Dieses höchst eindrucksvolle Verhalten läßt sich schön auslösen, wenn man das Abendpfauenauge mit der Fingerspitze im Kopfbereich leicht antippt. Sofort schnellt der Hinterleib empor und entblößt die Augen auf den Hinterflügeln. Die Wirkung ist so verblüffend, daß man selbst im ersten Moment etwas zurückschreckt.

Nun sind dies gewiß besonders auffällige Beispiele für Warnung. Aber gilt dieses Prinzip auch bei den vielen anderen Arten, die nicht so offensichtliche Warntrachten tragen? Die große Mehrzahl der Schmetterlingsarten ist in der Tat tarnend gefärbt und gezeichnet. Die meisten verlassen sich auf das »Sich-verstecken« und »Nicht-entdeckt-werden«! Das trifft vor allem für die große Masse der nachts fliegenden Arten (»Nachtfalter«) zu. Die Tagfalter sind dagegen meist auffälliger – oder können nicht vermeiden aufzufallen, wenn sie im hellen Sonnenlicht umherfliegen. Sie benutzen daher einen sehr unsteten Flug, der es den Verfolgern schwer macht, zu folgen. Eulenschmetterlinge, Schwärmer oder andere nachtaktive Falter fliegen viel geradliniger und »berechenbarer« als die Tagfalter.
Unter die Kohlweißlinge scheint

sich einer hineingeschmuggelt zu haben, der jedoch nicht annähernd so schlecht wie diese für Singvögel schmeckt: der Zitronenfalter *(Gonepteryx rhamni)*. Dieser in vieler Hinsicht ungewöhnliche Schmetterling ähnelt im Fluge so sehr einem ungenießbaren Kohlweißling, daß ihn die meisten Singvögel automatisch zu meiden scheinen. Die helleren Weibchen sind sogar noch ähnlicher als die zitronengelben Männchen. Wenn diese im Hochsommer schlüpfen, gibt es viele Kohlweißlinge (und Singvögel, die gerne Schmetterlinge verzehren!). Die Zitronenfalter fallen darunter nicht auf. Sie überwintern als Falter und fliegen im nächsten Frühjahr ganz zeitig wieder. Schon im Februar kann man sie an sonnigen Tagen mitunter entdecken, wie sie in den noch ganz blattlosen lichten Laubwäldern und Parks umhergaukeln. In dieser Zeit benötigen sie keinen besonderen Schutz vor Freßfeinden, weil die Singvögel noch im Winterquartier sind oder – wie die Meisen – noch überwiegend von Körnernahrung leben. Paarung und Eiablage finden im Frühjahr statt. Die Männchen patroullieren oft anhaltend an Schneisen, Waldrändern oder Lichtungen. Sie suchen nach den Weibchen, die mit ihrer hellen Färbung recht gut auffallen. Kommen im April die ersten Kohlweißlinge dazu, passiert es nicht selten, daß die Zitronenfalter-Männchen diese anfliegen und »überprüfen«, ob es sich nicht doch um Weibchen ihrer Art handelt. Das Komplexauge der Schmetterlinge kann nicht annähernd so feine Unterschiede feststellen, wie das Kamera-Auge der Wirbeltiere. Die große Vielfalt der Färbungs- und Zeichnungsmuster der Schmetterlinge ist daher sicher zum allergrößten Teil auf das Wirbeltierauge »gemünzt«. Viel einfachere Merkmale dienen – abgesehen von den Duftstoffen, die ja nicht zum optischen Sinnesbereich gehören – der Arter-

Der Zitronenfalter *(Gonepteryx rhamni)* erreicht mit 10 bis 11 Monaten die längste Lebensspanne europäischer Falter. Die Abb. zeigt ein Weibchen; die Männchen sind intensiver gelb gefärbt.

kennung. Die »Schönheit« hat Funktionen; sie entstand in Abstimmung der Arten auf ihre Umwelt. Doch weil man die Lebensweise von so vielen Schmetterlingen noch nicht genügend kennt, vermögen wir oft nicht zu sagen, wofür oder wogegen ein ganz bestimmtes Muster von Färbung und Zeichnung »gut« ist. Hier liegen reizvolle Aufgaben für geduldige Beobachter des Falterverhaltens!

Feinste Lufträume in den Schuppen verursachen den Blauschiller beim Großen Schillerfalter *(Apatura iris)*. Die Farben blitzen nur in bestimmter Blickrichtung auf.

Wunderwerk Schmetterlingsflügel

Das Pfauenauge läßt die bunte Flügeloberseite mit der Augenzeichnung verschwinden, wenn es die Flügel schließt. Sobald sie geöffnet sind, bleibt die Zeichnung unverändert klar und gut sichtbar.
Ganz anders verhält es sich bei unseren Schillerfaltern. Haben wir das Glück, am Rande eines Auwaldes einen Schillerfalter (Gattung *Apatura*) Anfang Juli beobachten zu können, wie er an einer Pfütze trinkt oder an einem Tierexkrement leckt, dann bemerken wir bald, daß schon kleine Änderungen der halb geöffneten Flügel plötzlich ein intensives Blau aufblitzen und wieder verschwinden lassen. Einen gespannten Schillerfalter in einem Schmetterlingskasten muß man erst in den richtigen Winkel zum Licht drehen, bevor sich der Schiller zeigt. Meist bekommt man diesen Winkel leicht schräg von der Seite, aber bei gerade ausgespannten Flügeln nie senkrecht von oben.
Ein solch schillerndes Blau zeigen nur wenige Falter im mitteleuropäischen Bereich. In den Tropen, insbesondere in Südamerika, tritt dieses Phänomen dagegen viel häufiger auf. Jeder Schmetterlingsfreund kennt die prachtvollen Morphos, deren Flügel so phantastisch blau schillern, daß unsere Schillerfalter wirklich nur einen schwachen Abglanz dieser Pracht darstellen.
Aber wie diese fliegen die meisten der südamerikanischen Morpho-Falter in ziemlich dichten Wäldern, in denen das Sonnenlicht nur über schmale Lichtflecke eindringt und ein verwirrendes Wechselspiel von Licht und Schatten erzeugt. Fliegt ein Morpho hier durch, so blitzt seine Flügeloberfläche urplötzlich wie

ein Lichtfleck auf, um sogleich wieder im Halbdunkel daneben zu verschwinden. Nicht ganz so ausgeprägt, aber im Prinzip doch recht ähnlich, verhält es sich mit unseren Schillerfaltern. Ihr Lebensraum, der dichte Weidendschungel in Flußauen und an Seeufern, birgt im Hochsommer ebenfalls dieses Spiel der Lichtreflexe, in dem diese schnellen Flieger unter den heimischen Faltern verschwinden können.
Wie kommt es aber, daß manche Schmetterlinge ihre Farbe nicht mit dem Einfallswinkel des Lichtes verändern, andere aber dies tun? Des Rätsels Lösung bringt ein kleiner Versuch: Man bürstet mit einem weichen Pinsel ganz vorsichtig ein paar Farbschuppen, etwa von den bunten Stellen auf einem Pfauenaugenflügel, auf ein Glasplättchen (Objektträger, wie sie beim Mikroskopieren verwendet werden). Mit einer kräftigen Lupe, besser noch mit einem Binokular, kann man erkennen, daß die dachziegelartigen Gebilde die roten, braunen oder gelben Farben tragen. Die feinen Strukturen sind so schön, daß sie jeden, der zum ersten Mal Schmetterlingsschuppen in der Vergrößerung betrachtet, begeistern. Hat man jedoch eine Schillerschuppe abgebürstet, so sucht man vergeblich nach einem blauen Farbstoff! Das Blau entsteht nämlich in ihnen

In der Vergrößerung zeigt sich das metallische Schillern in den Schuppen deutlich, welches allein durch Lichtbrechung entsteht.

Diese Schuppen ordnen sich dachziegelartig auf den Flügeln an. Sie tragen die Farbmuster in Form von Pigmentfarben in sich.

Vielfalt der Farben und Formen

auf eine ganz andere Weise. Diese Schuppen sind hohl. Die Hohlräume besitzen keine Farbkörnchen, sondern sie sind nur mit Luft gefüllt. An diesen sehr dünnen Luftkammern bricht sich das Sonnenlicht an den Grenzflächen und wird in die Farbanteile zerlegt. Die langwelligeren Farben, wie Rot, Gelb und Grün, gehen durch die Schuppe ganz hindurch. Aber Blau und Violett sind so kurzwellig, daß sie von den feinen Luftkammern zurückgestrahlt werden. Je nachdem, wie dünn die Kammern genau sind, entsteht auf diese Weise ein himmel- bis violettblauer Schiller, der aber nur unter bestimmten Einfallswinkeln des Lichtes sichtbar wird. Silberweiße Kristalle aus Abbauprodukten des Stoffwechsels, die unter den Luftkammern abgelagert werden, können mitunter den Effekt noch verstärken und zu grüngoldenem oder Messingglanz führen.
Die Farben der Schmetterlingsflügel entstehen also auf zwei ganz verschiedene Weisen: einmal durch echte Farbstoffe (Pigmentfarben), zum anderen durch Feinstrukturen mit Lichtbrechung (Strukturfarben). Die echten Pigmentfarben werden während der Puppenruhe im Körper hergestellt. Oft hängt es nun davon ab, welche Außentemperaturen während der Puppenruhe herrschen, ob die Farbmuster normal oder abweichend ausfallen. Solche Abweicher, man nennt sie Aberrationen, lassen sich herbeiführen, wenn man die Puppen für einige Zeit in den Kühlschrank steckt oder unnormal hohen Temperaturen aussetzt. Im Freiland zeigen sich solche temperaturbedingten Färbungs- und Zeichnungsmuster bei den sogenannten »Saisonformen«. Unser bekanntestes Beispiel ist das Landkärtchen *(Araschnia levana)*, das im Frühjahr in einer braungescheckten und im Hochsommer in einer schwarzen Form (f. *prorsa*) fliegt. Die überwiegend schwarze Färbung entsteht bei Faltern, die sich unter den Bedingungen langer, warmer Frühsommertage verpuppen. Die Raupen der Herbstgeneration kommen in die Phase kurzer, kühler Tage – und entwickeln die ganz anders gefärbte, hellbraune Frühjahrsgeneration. Landkärtchen-Falter lassen sich, da ihre Raupen an Brennesseln leben, leicht züchten. So kann jeder versuchen, durch Verschiebung von Helligkeitsdauer und Temperatur, unterschiedlich gefärbte Landkärtchen zu züchten. Noch ein weiteres Ergebnis bringen solche Untersuchungen. Sie zeigen, welche Zeichnungsmuster zusammenhängen und welche getrennt voneinander angelegt sind. Ist es nicht höchst beeindruckend, daß oft 2 ganz verschiedene Ausgangsmuster

Vielfalt der Farben und Formen

Saisondimorphismus des Landkärtchens *(Araschnia levana)*; oben bräunliche Frühjahrsform, unten schwärzliche Sommerform. Den Einfluß der Tageslänge zeigt die Abb. S. 97.

Vielfalt der Farben und Formen

Melanistische Form des Birkenspanners *(Biston betularius* f. *carbonaria)*. Die Flügelfärbung bietet den Faltern auf verrußten Birkenstämmen optimale Tarnung. Diese Form trat zuerst in englischen Kohleindustriegebieten auf.

– etwa auf Vorder- und Hinterflügeln – zusammen ein einheitliches Muster ergeben, welches dann noch dazu durch die richtige Haltung der Flügel in eine perfekte Paßform gebracht wird!

Wie bei wohl allen Tieren, die Farbstoffe ausbilden, gibt es auch bei Schmetterlingen immer wieder Einzelstücke, denen bestimmte Farbstoffe (ganz selten auch alle) fehlen. Entwickelt sich beispielsweise im Hinterflügel des Braunen Bären *(Arctia caja)* ein Farbanteil nicht, so werden die blauen Flecke nicht wie üblich von einem intensiven Zinnoberrot eingefaßt, sondern sie bekommen eine gelbe Grundfarbe. Diese Aberration wird als f. *lutescens* bezeichnet. Echte Vollweißlinge (Albinos) sind offenbar extrem selten. Aber das Gegenstück dazu, die Schwärzlinge (melanistische Mutanten) treten durchaus nicht selten, gebietsweise sogar recht häufig auf. Alle Farben sind bei ihnen so intensiv mit schwarzbraunen Komponenten überlagert oder durch sie ersetzt (Melanine), daß man häufig gar keine Zeichnung mehr erkennen kann.

Melanistische Formen finden sich besonders in Gebieten mit starker Luftverschmutzung, wie in Industriegebieten oder in städtischen Ballungszentren. Eine Art wurde geradezu berühmt als Anzeiger für verrußte Luft: der Birkenspanner *(Biston betularius)*. Normalerweise trägt dieser große, kräftige Spanner nur eine feine Berieselung mit dunklen Flecken auf den grauweißen Flügeln. In englischen und rheinischen Kohleindustriegebieten entwickelten sich aber schwarze Formen (f. *carbonaria*), die nun auf der verrußten Rinde der Bäume besser vor Vögeln getarnt waren, als ihre normal hell gefärbten Artgenossen. Schnell nahm ihre Häufigkeit durch diesen Überlebensvorteil zu. Bald stellte die schwarze Form den weitaus größten Teil im Birkenspanner-Bestand. Erst mit der Verbesserung der Luftqualität begannen die Bäume wieder mehr Flechten an den Stämmen zu tragen, und die helle Normalform gewann wieder an Boden. So drückt das Wechselspiel zwischen diesen beiden Formen des Birkenspanners wie in einem empfindlich reagierenden Meßinstrument das Ausmaß der Luftverschmutzung, besonders durch Ruß, und seine Veränderung aus. Doch bis heute wissen wir nur von vergleichsweise wenigen Gebieten genauer über die Häufigkeit der beiden Formen des Birkenspanners Bescheid. Jeder, der hier mitmacht und aus seinem Gebiet Daten dazu sammelt, bringt daher einen wichtigen Baustein zur Beurteilung unserer Umwelt bei.

Aber – wo gibt es denn eigentlich (noch) Birkenspanner? Wo findet man die hier genannten Schmetterlinge? Sind sie nicht längst alle viel zu selten, um überhaupt noch solche Beobachtungen zuzulassen? Darüber mehr im nächsten Kapitel.

Helle Normalform des Birkenspanners *(Biston betularius)*.

Schmetterlinge in unserer Umwelt

Wo findet man Schmetterlinge?

Schmetterlinge leben fast überall. Man kann sie bis hinauf in die Gletscherregion der Alpen und in der arktischen Tundra finden. Sie fliegen in Wäldern, Gärten, über Felder und Wiesen. Einige trifft man mitunter sogar mitten in den Großstädten an. Die Kleidermotte *(Tinea bisselliella)*, ein unscheinbarer aber umso gefürchteterer Kleinschmetterling, folgt sogar bis in die Schränke der Häuser, wo ihre Raupen besonders an Wolle und Pelzwerk erhebliche Schäden anrichten können. Die Raupen der Wachsmotte *(Galleria mellonella)* ernähren sich von Bienenwachs und dringen in Bienenstöcke ein, um dort an diese ganz ungewöhnliche Nahrung zu gelangen. Meist fallen die unscheinbaren, kleinen Schmetterlinge erst dann auf, wenn ihre Raupen schon Schäden verursacht haben.
Um Schmetterlinge zu finden und zu beobachten, wird man sich da-

Blütenreiche Ufer (Abb. links) und Trockenrasen (Abb. rechts) werden von den Tagfaltern besonders gerne aufgesucht und bewohnt.

her nicht gerade auf diese höchst ungern gesehenen Spezialisten stürzen, sondern in erster Linie die bunte Vielfalt der tagfliegenden, größeren Arten im Sinn haben. Die findet man allerdings immer seltener.

Noch vor 2 oder 3 Jahrzehnten waren blumenreiche Wiesen voll von Schmetterlingen. Sie gaukelten unübersehbar von Blüte zu Blüte. Die bunten Farben verrieten, daß zahlreiche unterschiedliche Arten darunter waren: Schwalbenschwänze mit intensiv gelben, schwarz gegitterten Flügeln, metallisch rote Dukatenfalter, himmelblau erstrahlende Bläulinge, kleine gelbe Postillione, Braunaugen, Ochsenaugen, dazu Kleine Füchse, Admiräle, Pfauenaugen, und wie sie alle heißen. Die deutschen Namen verraten, daß es sich um häufige, allbekannte Arten handelte.

Heutzutage muß man schon suchen, wenn man eine Stelle finden möchte, auf der noch ein Dutzend verschiedener Tagfalterarten fliegt.

Die modernen Hochleistungs-Fettwiesen (Löwenzahnwiesen) sind dagegen als Falterlebensräume ungeeignet. Man findet hier nur wenige Schmetterlinge.

Das Schachbrett *(Melanargia galathea)* lebt auf warmen, trockenen Magerrasen. Sein Verschwinden gilt als Indikator für die Verschlechterung der Lebensbedingungen auf Wiesen.

Auf den Feldfluren fehlen die Ackerunkräuter, auf den Wiesen die einladenden Blüten. Den meisten Hochleistungswiesen im »EG-Einheitsgrün« mangelt es an Blüten. Nur im Frühling, wenn der Löwenzahn blüht und weite Flächen mit einem satten Gelb überzieht, täuschen sie eine längst vergangene Blütenpracht vor.

Fettwiesen, so werden sie bezeichnet, meiden die meisten Tagfalter. Ihre Gräser und Kräuter enthalten zuviel Stickstoff. Darauf sind die Raupen mit ihrer Verdauung nicht eingestellt. Sie bekommen leicht »Durchfall« und werden für Krankheiten anfällig.

Die intensive Düngung verschiebt auch die Artenzusammensetzung bei den Gräsern und Kräutern in der Wiese. Schnellwüchsige Arten mit hohem Nährstoffbedarf gedeihen nun besser (und erbringen mehr Futter oder Heu für den Landwirt) als solche, die nährstoffärmeren Bedingungen angepaßt sind. Diese

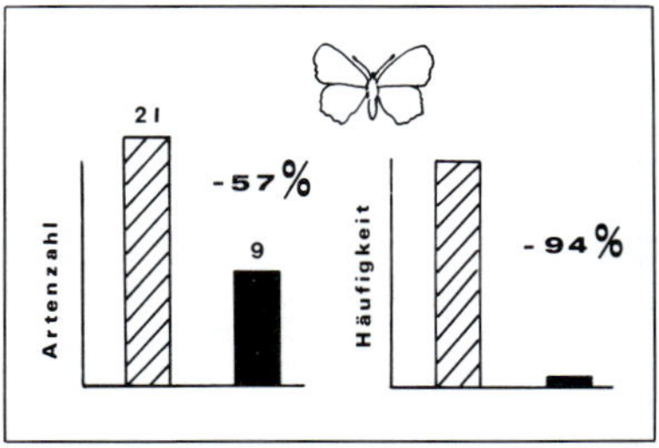

Die moderne Landwirtschaft verändert die Eignung der Lebensräume der Kulturlandschaft für Tagfalter. Im Vergleich der Falterhäufigkeiten von extensiv (schraffiert) und intensiv (schwarz) genutztem Kulturland zeigt sich der Rückgang an Arten (linke Grafik) und Individuen (rechte Grafik).

wachsen zu langsam und werden dadurch von den schnellwüchsigen verdrängt. Die Artenzahl der Gräser und Kräuter in der Wiese nimmt daher in aller Regel in dem Maße ab, wie gedüngt wird. Wenig oder ungedüngte Flächen, sogenannte »Magerrasen« beherbergen deshalb eine ungleich größere Vielfalt an Pflanzen als die Fettwiesen. Das wirkt sich auf die Zusammensetzung der Schmetterlingsarten und ihre Häufigkeit aus. Extensiv bewirtschaftete Flächen sind artenreicher als intensiv genutzte. Das läßt sich leicht nachprüfen.

Man wählt dazu 2 oder mehrere Flächen, die sich bei sonst gleicher Lage (und bei ziemlich gleichartigen Witterungsbedingungen) durch die Intensität der Bewirtschaftung unterscheiden. Mit der auf S. 66 beschriebenen Methode der »Linientaxierung« kontrolliert man die Flächen bei guten Flugbedingungen für die Falter (sonniges, schwachwindiges Wetter und Lufttemperaturen über 20°) in den späten Vormittagsstunden 2–3 mal pro Monat von Mai bis August (September). Dabei achtet man darauf, daß abwechselnd die eine und die andere Fläche als erste besucht wird.

Das Ergebnis wird je nach Größe des Unterschiedes in der Bewirtschaftung und allgemeinen Umweltbedingungen, wie kühler oder warmer Sommer, geringe oder mittlere Höhenlage, Niederschlagsmengen und -häufigkeit oder Distanz zu Schmetterlingsrefugien unterschiedlich ausfallen. Aber stets ist zu erwarten, daß das weniger intensiv bewirtschaftete Gebiet artenreicher, vielleicht auch individuenreicher als das intensiver genutzte ist. Die Abb. S. 24 zeigt ein solches Beispiel.

Diese Untersuchung läßt sich noch erheblich verfeinern. So kann man registrieren, welche Falterarten welche Blüten aufsuchen, wie sie die Wiesen nutzen (ob sie sich mehr am Rande oder in der Mitte aufhalten), ob sie Raine, Gebüsche und Wegränder bevorzugen. Man kann auch innerhalb der verschiedenen Lebensräume Teilbereiche herausgreifen, wie windgeschützte oder windexponierte Abschnitte, sonnige oder schattige Stellen und man kann den Wechsel der Lebensraumnutzung im Tageslauf studieren. Manche Arten schlafen nämlich nicht an den gleichen Stellen, an denen sie um die Mittagszeit fliegen. Viele Blüten geben zu verschiedenen Tageszeiten Nektar ab – und danach richten sich natürlich die Besucher!

Mit diesen Beobachtungen lassen sich recht schnell die tagfalterreichen Stellen in einem Beobachtungsgebiet ermitteln. Sicher auch anderswo wird sich zeigen, daß die

Der »Schmetterlingsflieder« *(Buddleja)* lockt im Hochsommer zahlreiche Falter an.

große Masse der landwirtschaftlichen Nutzfläche, die noch vor einem Vierteljahrhundert so schmetterlingsreich war, heute nur noch eine geringe Rolle als Falterlebensraum spielt. Meist wird man über den Feldern bloß Kohlweißlinge in Anzahl entdecken können. Alle anderen Arten treten dort recht selten auf oder ziehen nur schnell 'mal durch und suchen einen geeigneteren Lebensraum. Magerrasen, Ödlandflächen und dergleichen, die heutigen Falterparadiese, sind selten. Man muß sie schon suchen. Dichte Wälder meiden die meisten Tagfalter. Sie kommen darin vorwiegend oder ausschließlich auf Kahlschlägen, an Schneisen und Waldwegen vor. Die offene Landschaft ist der eigentliche Lebensraum der Tagfalter. Beinhaltet sie reiche Strukturierung, so wird auch das Falterleben reichhaltig sein. Daher findet man überraschend viele Schmetterlinge in den Gärten und Parkanlagen, ja mitten in den Städten, wenn dort artenreiche, extensiv genutzte Grünflächen vorhanden sind. Besonders die an die offenen Fluren grenzenden Dorfgärten spielen heute als Lebensräume für Schmetterlinge eine besondere Rolle. Wie die Abb. S. 161 zeigt, übertreffen sie andere Biotope bei weitem an Artenreichtum. Gebietsweise rücken sie nach den Magerrasen schon an 2. Stelle.
Das hat gute Gründe. Einmal werden viele Gärten heutzutage wieder weniger intensiv mit Schädlingsbekämpfungsmitteln gespritzt, als noch vor einem Jahrzehnt. Andererseits enthalten die meisten Gärten mehr oder minder große Anteile an blühenden Pflanzen. Viele davon sind auch für Schmetterlinge attraktive Nektarspender. Die mit weitem Abstand bevorzugte Zierpflanzenart unserer Gärten ist der Sommerflieder *(Buddleja).* Dutzende nektartrinkender Tagpfauenaugen, Kleiner Füchse oder Admiräle kann man im Hochsommer daran finden. Sie wirken wie berauscht von diesem Nektarangebot und lassen den Beobachter auf recht geringe Distanzen herankommen.
Aber auch für die Vermehrung und Fortpflanzung mancher Arten, darunter recht selten gewordener, spielen Gärten eine zunehmend bedeutendere Rolle. So etwa für den

Schwalbenschwanz *(Papilio machaon)*. Seine Raupen ernähren sich von bestimmten Arten von Doldengewächsen, besonders von Wilder Möhre *(Daucus carota)*. Die Pflanzenbestimmungsbücher nennen sie »häufig«. Ihr Lebensraum sind Magerrasen, Wege und Steinbrüche. Doch wo findet man die noch? Magerrasen sind Mangelware; die Wegränder werden vielerorts gespritzt und Steinbrüche, besonders die aufgelassenen, von der Natur zurückeroberten, gibt es auch nicht überall. Die Wilde Möhre wurde daher selten. Schwalbenschwänze müssen weit fliegen, bis sie welche an geeigneten Standorten ausfindig machen können.
In den Gärten wächst aber eine nahe Verwandte, die Karotte. Ihr Blattwerk schmeckt den Schwalbenschwanzraupen genausogut wie das der Wilden Möhre. Meist stehen die Pflanzen auch nicht einzeln, wie bei der Wilden Möhre, und – was fast am wichtigsten ist – sie werden nicht vorzeitig abgemäht. Viele Schwalbenschwanzraupen gehen durch die zu frühe Mahd der Wiesen zugrunde. Dieses Problem entfällt bei den Möhren im Garten. Und wenn man ein wenig darauf achtet, wird man die bunt gezeichneten, unverkennbaren Raupen des Schwalbenschwanzes auch schnell entdecken. Sie machen keinen Schaden! Denn sie treten meist einzeln oder nur in wenigen Exemplaren auf – nie in Massen. Kahlfraß ist daher nicht zu befürchten. Lohnt es sich nicht, für die Erhaltung des Schwalbenschwanzes, einer unserer schönsten Tagfalterarten in Mitteleuropa, ein paar Karotten im Garten zu pflanzen?
Gegen die Intensivlandwirtschaft läßt sich wenig ausrichten. Die Landwirte leben davon. Aus den Fettwiesen werden daher sicher in nächster Zukunft keine Magerrasen

Die auffallend bunte Raupe des Schwalbenschwanzes *(Papilio machaon)* lebt bevorzugt an Wilder Möhre *(Daucus carota)*.

Schmetterlinge in unserer Umwelt

Ein ganz ungewöhnliches Zeichnungs- und Färbungsmuster trägt der Trauermantel *(Vanessa antiopa)*. Der hellgelbe Rand bildet einen scharfen Kontrast zur samtartigen Flügeloberseite. Der Falter kommt überall nur selten oder vereinzelt vor. Woran dies liegt, ist bis heute nicht bekannt. Auch im vorigen Jahrhundert war die Art schon selten.

werden. Nur kleinflächig kann – insbesondere bei Flurbereinigungen – versucht werden, Ausgleichsräume für die Intensivnutzung zu erhalten oder neu zu schaffen. Für Schmetterlinge genügen oft schon Flächen von weniger als einem halben Hektar. Von Spritz- und Düngemitteln freigehalten bieten sie zahlreichen Schmetterlingsarten Lebens-, ja Überlebensraum. Auch wenn solche Flächen aus anderer Sicht des Naturschutzes, etwa als Lebensraum für Vögel, zu klein erscheinen mögen, für Insekten werden sie dennoch ein Refugium abgeben können.

Es lohnt sich daher mit Sicherheit, bei Flurbereinigungsverfahren auf die Freistellung solcher Lebensräume für Schmetterlinge zu drängen. Aber noch wichtiger ist der Beitrag des Einzelnen. Jeder noch so kleine Privatgarten kann zu einer Oase für Falter werden. Nektarpflanzen, wie die Buddleia, bieten ihnen »Tankstellen« für Energie, die sie für ihr kurzes Leben benötigen. Bestimmte andere Pflanzenarten dienen als Futterpflanzen – allen voran in den

Die blühenden Weidenkätzchen *(Salix caprea)* werden im zeitigen Frühjahr von Bienen und Schmetterlingen, besonders von den Kätzcheneulen, besucht.

Gärten die Brennessel. An keiner anderen Pflanzenart leben so viele der auffälligen Tagfalterarten: Tagpfauenauge, Kleiner Fuchs, Admiral, Landkärtchen. Dazu kommt noch eine Reihe anderer Arten nachtaktiver und daher weniger bekannter Gruppen. Schillerfalter und Trauermantel benötigen Salweiden *(Salix caprea)*; mit Geißblatt kann man den Kleinen Eisvogel *(Limenitis camilla)* mit Futter versorgen. Wiederum ist es aber wichtig, daß kleine Wiesen- oder Rasenflächen nicht gedüngt werden, wenn keine Heunutzung beabsichtigt ist. Dann wachsen stickstoffempfindliche Magerrasenarten und können vielen verschiedenen Schmetterlingsraupen als Futterpflanzen dienen. Ein reiches Schmetterlingsleben bedeutet natürlich auch eine reichhaltige Kleinvogelwelt. Die Förderung der Entfaltung der Schmetterlinge kommt einer Vielzahl anderer Tierarten gleichermaßen zugute. Sie stellt daher eine echte Naturschutzleistung dar, die – obzwar klein vom Einzelnen – tausendfach wiederholt das Überleben vieler Arten unter den Bedingungen der modernen Kulturlandschaft sichern kann. Mitmachen lohnt sich – und kostet nahezu nichts!

Tag- und Nachtschmetterlinge

Nur etwa 10% der in einem Gebiet vorkommenden Schmetterlingsarten fliegen am Tage. Es sind dies die verschiedenen Familien der Tagfalter (*Papilionoidea,* vgl. S. 178). Aber auch von anderen Schmetterlingsfamilien gibt es tagaktive Arten, so daß nicht alles, was am Tag an Schmetterlingen fliegt, auch gleichzeitig ein Tagfalter sein muß. So gehören beispielsweise die wie Kolibris vor Blüten in der Luft »stehenden« Taubenschwänzchen *(Macroglossum stellatarum)* zu den Schwärmern und damit zu

einer sonst ausgeprägt nachtaktiven Familie. Gleiches gilt für die den Eulenschmetterlingen zugehörigen Gammaeulen *(Plusia gamma)*, die ebenfalls oft am Tage beim Blütenbesuch beobachtet werden können. Sie fliegen wie »nervös« von Blüte zu Blüte und fallen durch ihren ganz andersartigen Flügelschnitt auf. Nur das silbrige Gamma-Zeichen auf der Oberseite der Vorderflügel sticht aus dem sonst düsteren Graubraun der Flügel, wenn sie zur Ruhe kommen. Dann klappt sie die Gammaeule dachförmig über dem Körper zusammen. Von der Rückenseite des Bruststücks stehen kurze, charakteristische Schuppenbüschel nach oben, die der ruhenden Gammaeule ein ganz charakteristisches Aussehen verleihen. Nichts erinnert daran an die echten Tagfalter.
Gammaeulen fliegen am Tage und

Wie ein kleiner Kolibri »steht« das Taubenschwänzchen *(Macroglossum stellatarum)* im Schwirrflug vor der Blüte, führt den langen Rüssel ein und trinkt Nektar daraus. Dieser kleine Schwärmer fliegt alljährlich über die Alpen in Mitteleuropa ein. Er kann hier den Winter nicht überdauern.

Auch die Gammaeule *(Plusia gamma)* ist ein Wanderfalter. Wichtiges Bestimmungsmerkmal ist das silbrig-weiße Gamma-Zeichen auf dem Vorderflügel.

in der Nacht. Sie zählen zu den ausgeprägten Wanderfaltern. Während des Fluges, der mehrere Wochen dauern kann, bis das Winterquartier erreicht ist, müssen sie hochwertigen Brennstoff »tanken«, also Blütennektar aufnehmen; sonst wären ihre Vorräte zu rasch erschöpft.
Die weitaus meisten Schmetterlinge sind nachtaktiv. Mit Einbruch der Dämmerung werden sie erst munter und starten zu ihren Suchflügen nach Partnern zur Paarung und nach Blüten zum Nektartrinken. Tagsüber halten sie sich vor den Singvögeln verborgen. Denn im Gegensatz zu den meisten Tagfaltern verfügen nur wenige Nachtfalter über Schutzstoffe, die sie vor dem Verzehr durch Singvögel schützen. Nur solche Arten, deren Raupen an giftigen Pflanzen fressen können, bringen diesen Giftschutz auch ins Falterstadium mit und brauchen sich nicht zu verbergen. Sie zeigen durch besonders auffällige Färbungen (»Warnfarben«) diese Giftigkeit an und verhalten sich ziemlich träge.
Die solcherart nicht geschützten Nachtfalter müssen sich in Deckung halten. Manche benutzen, wie bereits auf Seite 13/14 beschrieben, Augenflecke oder grelle Muster, die plötzlich hervortreten, als Abwehrmittel gegen Feinde.
Die Nacht scheint jedoch im Durchschnitt sicherer zu sein als der Tag.

Der Hornissenschwärmer *(Sesia apiformis)* ahmt gefährliche Wespen oder Hornissen nach. Doch es handelt sich hier lediglich um einen harmlosen Schmetterling aus der Familie der Glasflügler. Das weitgehende Fehlen von Schuppen auf den Flügeln verstärkt den Eindruck.

Die Hauptentfaltung der Schmetterlinge erfolgt auf jeden Fall in der »Zeitnische« der Nacht. Zeitnische, so kann man diese Einordnung bezeichnen, weil sich die einzelnen Arten tageszeitlich den Lebensraum mit seinen Nektarquellen aufteilen. Denn es gibt auch nachts viele Blüten, die offen bleiben (oder sich überhaupt erst richtig öffnen) und Nektar absondern. Die langrüsseligen Schwärmer verstehen es ausgezeichnet, im schwachen Restlicht der Dämmerung die geöffneten, stark duftenden Blüten zu finden und ihren Nektarquell zu nutzen. Sie bestäuben dabei zumeist die Blüten.

Schmetterlinge in unserer Umwelt

Interessanterweise wirken die Nachtfalter in viel stärkerem Maße als Bestäuber als die Tagfalter. Letztere »stehlen« genau genommen den Nektar in Blüten, die eigentlich Bienen und Hummeln angepaßt sind. Diese dickbepelzten, ziemlich kurzrüsseligen Insekten wären im Zuge der gegenseitigen Anpassung von Blüten und Insekten bei zahlreichen tagblühenden Kräutern, wie z. B. beim Klee, tatsächlich die »richtigen« Bestäuber. Die Schmetterlinge mit ihren langen, ausrollbaren, dünnen Rüsseln kommen an die Nektarquellen auch ohne die Blüten zu bestäuben heran. Sie sind nicht selten den Bienen und Hummeln dabei überlegen. Deshalb lohnte sich die Erschließung der tagsüber geöffneten Blüten als Nahrungsquelle für die Schmetterlinge erst, als die besonders langrüsseligen Formen entwickelt waren. Das sind neben den Schwärmern die Tagfalter. Letztere wichen auf die neue »Nische« des Tages aus und schöpfen den Nektar von Blüten ab, die auf andere Bestäuber eingerichtet sind. Die Tagfalter zählen daher auch zu den fortschrittlichsten, zu den stammesgeschichtlich betrachtet am weitesten entwickelten Schmetterlingsgruppen. Fast alle Gruppen der Nachtschmetterlinge sind primitiver, d. h. ursprünglicher und nicht so weit entwickelt.

Das Rote Ordensband *(Catocala nupta)* verdeckt in der Ruhestellung die rot-schwarzen Hinterflügel.

Der Tag ist aber gefährlicher als die Nacht für die Schmetterlinge. Denn nicht nur die sehr gut sehenden Singvögel stellen ihnen nach (was durch die Entwicklung eines unberechenbar schaukelnden Fluges und schlechten Geschmackes weitgehend kompensiert wurde), sondern sie unterliegen auch mehr der Gefahr des Austrocknens während der Tageshitze. Ihre Körper sind nämlich bei weitem nicht so kompakt und stabil gebaut oder sogar durch Wachse abgedichtet, wie jene der Hummeln und Bienen. Die Tagfalter haben daher oft Durst. Sie müssen den Wasserverlust durch regelmäßiges Trinken ausgleichen. Man findet sie an Pfützen und flachen Wasserstellen, gerne auch an noch feuchten Exkrementen, wo

sie mit dem Wasser zusätzlich lebenswichtige Mineralstoffe aufnehmen. Das sind die »Kosten«, die sie dafür zu begleichen haben, daß sie am Tage die reichlichen Nektarquellen nutzen können.
Anders die Nachtschmetterlinge! Sie fliegen zu einer Zeit, in der die Luftfeuchtigkeit hoch liegt, oft sogar schon den Taupunkt überschritten hat, und in der sie vor den Blikken der gewandten Singvögel sicher sein können. Zwar stellen ihnen die Fledermäuse auch nach, aber deren Jagd wird erst bedrohlich, wenn die Nachtschmetterlinge in den freien Luftraum hinausfliegen. Im Dickicht haben die Fledermäuse keine Chancen.
Schlanke, zarte Körper und Flügel kennzeichnen daher viele Nachtfalter, so insbesondere die Spanner *(Geometridae)* und die Kleinschmetterlinge, die die größte Artenzahl beinhalten. Eulen, einzelne Gruppen der Spanner, Schwärmer und Spinner sind dagegen kräftig und dickleibig. Doch mit Ausnahme der Schwärmer, die zu den besten Fliegern unter den Schmetterlingen gehören und Leistungen vollbringen, die schon an jene kleiner Vögel heranreichen, bleiben die dickleibigen Spinner und Spanner zumeist auch recht träge. Besonders die Weibchen sind zu regelrechten »Eitransportern« geworden. Ihr dick angeschwollener Hinterleib trägt Unmassen von Eiern, die von den Weibchen nach der Begattung häufig an den gleichen Stellen oder in nächster Nähe davon abgelegt werden, an denen die Begattung (Kopula) stattfand.
Kurz, die Körperform verrät schon auf Anhieb viel über die Lebensweise. Schlanke, schnittige Flügel deuten auf gute Flieger – oft ausgeprägte Wanderfalter – hin. Das zeigt der Vergleich zweier nahe verwandter Arten, die beide recht häufig bis massenhaft bei uns in Mitteleuropa vorkommen: Die Gemeine Graseule *(Agrotis exclamationis,* Syn. *Scotia e.)* und die Ypsiloneule *(Agrotis ipsilon,* Syn. *Scotia i.)*. Erstere fliegt in allen möglichen Lebensräumen der Kulturlandschaft in Europa und weiten Teilen Asiens in einer langgezogenen Generation von Juni bis September. Selten, vor

Eine rote Linie zieht über die Flügel des häufigen Spanners *Calothysanis amata.*

Die Graseule (*Agrotis exclamationis,* Abb. oben) und die Ypsiloneule (*Agrotis ipsilon,* Abb. unten), ein ausgeprägter Wanderfalter, im Flügelschnittvergleich.

allem in wärmeren Gebieten, kann im Herbst eine 2. Generation aufkommen. Die Gemeine Graseule hat kräftige, aber verhältnismäßig kurze und runde Flügel. Die Ypsiloneule dagegen zeichnet sich durch einen viel schmaleren, schlankeren Flügelschnitt aus. Sie hat bei fast genau gleichem Körpergewicht längere Flügel und zählt zu den besonders weit umherwandernden Arten der Eulenschmetterlinge. Sie breitete sich nahezu über die ganze Welt bis an den Rand der polaren Tundren und bis zu den Wüsten und Berggipfeln hin aus. In Mitteleuropa (nördlich der Alpen) überlebt sie den Winter nicht. Ypsiloneulen fliegen jedes Jahr in wechselnder Anzahl vom Süden her ein, zeitigen nördlich der Alpen eine Generation, deren Falter wieder zurückfliegen. Aber darüber mehr im Abschnitt über Wanderungen.

Kleinschmetterlinge

Unter den nachtaktiven Schmetterlingen finden sich auch die primitivsten Formen. Die allereinfachsten, die Urmotten *(Micropterygidae),* machen allerdings noch wenig Unterschied in der Aktivität zwischen Tag und Nacht. Sie besuchen auffallende Blüten, besonders gerne solche, die eine leuchtend gelbe Krone tragen und reich an Blütenpollen sind. Darin kriechen sie langsam umher und verzehren mit ihren beißenden Mundwerkzeugen die Pollen. Einen Rüssel besitzen sie noch nicht. Der ist erst das Produkt der späteren Entwicklung der Schmetterlinge. Ihre Flügelspannweite erreicht kaum einen Zentimeter. Die Falter sind so schwach, daß sie nur kurze Strecken aus eigener Kraft zu fliegen vermögen. Sie nutzen mehr den Wind zur Verfrachtung an andere Stellen.
Die übrigen Gruppen der Kleinschmetterlinge sind schon erheblich weiter entwickelt und jeder erkennt sie – von ganz wenigen Ausnahmen abgesehen – sogleich als Schmetterlinge. Ihre Artenzahl

Winzige Schmetterlinge sind die Urmotten. Ihnen fehlt noch die Bildung des Rüssels. Die Abb. zeigt *Micropteryx calthella.*

ist so groß, daß es selbst für verhältnismäßig kleine und nicht besonders artenreiche Gebiete, wie Mitteleuropa, bisher kein handliches Bestimmungsbuch gibt, das alle Arten enthält. Meist werden sie kurzerhand als »Motten« bezeichnet.

Tatsächlich gibt es bei den Kleinschmetterlingen aber mindestens ebenso unterschiedliche Anpassungsrichtungen, wie bei den Großschmetterlingen. Für den Anfänger ergeben sich daher oft zunächst unüberwindliche Bestimmungsschwierigkeiten. Davon im übernächsten Kapitel mehr.

Die Mehrzahl der Kleinen entfernt sich kaum aus der Vegetation. Sie können keine größeren Strecken fliegen, außer wenn sie der Wind trägt, und schwer Richtungen einhalten. Deswegen sieht man an Lichtfallen (vgl. übernächstes Kapitel) verhältnismäßig weniger Kleinschmetterlinge, als tatsächlich anwesend sind. Zu hohe Lichtintensitäten hemmen schon ihren Flug, und das gezielte Ansteuern fällt ihnen zu schwer.

Die Hauptmasse der an Lichtquellen anfliegenden Schmetterlinge bilden die Eulenfalter *(Noctuidae)* und die Spanner *(Geometridae)*. Sie umfassen mittelgroße Arten mit zumeist ganz gutem bis sehr gutem Flugvermögen. Von jeder dieser beiden Familien gibt es rund 5 mal mehr Arten als Tagfalter in Mitteleuropa.

Der Lebenskreislauf

Die Metamorphose

Das Eistadium

Unruhig umschwirrt ein Großer Kohlweißling die Kohlpflanzen im Garten. Die großen, schwarzen Flecken auf den Vorderflügeln verraten, daß es sich um ein Weibchen handelt. Es interessiert sich nicht für Blüten, sondern mustert die Kohlblätter. Vorsichtig landet es mal da, mal dort und rutscht auf den Blättern hin und her. Es sucht nach einer geeigneten Stelle für die Eiablage. Der Geruch der Blätter verrät dem Tier, daß es die richtige Futterpflanze gefunden hat. Vorsichtig drückt es Ei für Ei auf die Unterlage. Winzig klein sind diese Eier. Man braucht schon eine etwas leistungsfähigere Lupe, wenn man ihre feinen Strukturen erkennen will. Schmetterlingseier weisen oft erstaunlich schöne Feinstrukturen auf. Sie tragen Rippen und Gruben, Höcker oder Zacken und Spitzen. Keineswegs sind sie einfach nur »Eier«, also rundlich-eiförmige Gebilde, die der Unterlage aufgeklebt werden. Die Vielfalt der Formen ermöglicht es sogar, an den Eiern die Schmetterlingsart zu bestimmen, wenn man sich sehr gründlich damit beschäftigt.

Alle Schmetterlingseier tragen einen besonderen Öffnungsbereich. Man bezeichnet ihn als »Mikropyle«. Durch diese Öffnung gelangt der Same ins Ei, wenn es beim Vorbeigleiten an der Samenblase während der Eiablage befruchtet wird. Durch die Mikropyle erfolgt auch der Austausch von Sauerstoff und Kohlendioxid. Die Eier atmen! Schlüpfen die fertig entwickelten Jungräupchen eine längere Zeitspanne nicht aus der Eihülle, werden sie durch diese Öffnung mit Sauerstoff versorgt.

Das Ei bildet das erste Stadium in der Umwandlung zum fertigen Schmetterling. Im Grunde genommen beginnt die Entwicklung bei allen sich geschlechtlich fortpflan-

Verschiedene Ei- und Gelegeformen
Abb. links: Gelege vom Kohlweißling.
Die Abb. auf der rechten Seite zeigen von links oben nach rechts unten: Kupferglucke *(Gastropacha quercifolia);* Ei vom Aurorafalter *(Anthocharis cardamines);* Gelege vom Ringelspinner *(Malacosoma neustria);* Brauner Bär *(Arctia caja);* Eitürmchen vom Landkärtchen *(Araschnia levana);* Fichtenträgspinner *(Dasychira abietis).*

Der Lebenskreislauf

Der Lebenskreislauf

zenden Tieren mit einer befruchteten Eizelle – und damit mit einem »Ei« als erstem Stadium. Doch während dieses Eistadium bei vielen Tiergruppen und auch beim Menschen nur ein kurzes Anfangsstadium darstellt, bildet es bei den Schmetterlingen einen echt eigenständigen Abschnitt im Lebenszyklus. Bei einer ganzen Reihe von Arten dient es dazu, ungünstige Lebensphasen zu überbrücken.
So überwintern bei zahlreichen Schmetterlingsarten die Eier oder die Jungräupchen, welche die Eier noch nicht verlassen haben. Mit der Ortswahl der Eiablage entscheidet sich zumeist auch der Überlebenserfolg der Eier. Wählt das Weibchen die falsche Stelle, geht das Gelege zugrunde! Manche Falter setzen die Eier daher einzeln ab. Das vergrößert die Chancen, einen günstigen Platz zu treffen. Andererseits hat auch das Absetzen der Gelege auf engstem Raum Vorteile. Die meisten Schmetterlinge legen wenigstens einige Dutzend Eier. Viele Arten bringen es auf 200–300 Stück. Man hat sogar weit über 1 000 Eier pro Weibchen bei größeren Schwärmern, Bärenspinnern, aber auch bei der Gammaeule festgestellt. Selbst wenn die meisten davon Feinden zum Opfer fallen sollten, haben doch immer einige Eier gute Chancen durchzukommen. Welche Strategie der Eiablage die bessere ist, hängt daher von den Lebensumständen der einzelnen Arten ab. Eine allgemeine Regel gibt es nicht.

Das Raupenstadium

Aus dem Ei schlüpft bei den Schmetterlingen die Raupe. Sie stellt ein charakteristisches Merkmal im Entwicklungsweg der Schmetterlinge dar. Denn im Gegensatz zu den Larven von Heuschrecken etwa sieht sie dem fertigen Insekt überhaupt nicht ähnlich. Einer Schmetterlingsraupe kann man nicht ansehen, daß aus ihr einmal ein Falter hervorgehen wird. Die Schmetterlinge vollziehen den entscheidenden Schritt zur Umwandlung in das Falterstadium über ein weiteres Stadium, das auf die Raupenhäutungen folgt: über die Puppe. Die Gesamtentwicklung gliedert sich daher bei ihnen in 4 völlig eigenständige Abschnitte: **Ei – Raupe – Puppe – Falter.** Die Übergänge von einem Stadium zum nächsten erfolgen abrupt. Wie die Käfer oder die Fliegen zählen die Schmetterlinge deswegen zu den

Entwicklungszyklus des Kleinen Nachtpfauenauges *(Saturnia pavonia)* Die Abb. zeigen von links oben nach rechts unten: Eiablage, Gelege, schlüpfende Raupen, erwachsene Raupe, Puppe, geschlüpfter Falter (Männchen). Die Puppe liegt im (aufgeschnittenen) Kokon verborgen; neben ihr die letzte Raupenhaut.

Der Lebenskreislauf

Insekten mit vollkommener Verwandlung (holometabole Insekten). Sie werden den ursprünglicheren Formen mit unvollständiger Verwandlung (hemimetabole Insekten) gegenübergestellt. Die Umstellung auf die ganz klar voneinander getrennten Abschnitte stellt zweifelsohne eine besondere Leistung dar, die als Fortschritt in der Entwicklung zu bewerten ist. Die Schmetterlinge zählen somit nicht nur hinsichtlich ihrer äußeren Vielgestaltigkeit und Farbenpracht zu den hochentwickelten Insekten, sondern auch bezüglich ihrer vollständigen Verwandlung im Lebenszyklus.
Wie diese Umwandlung erfolgt, versteht man heute schon ziemlich gut. Ein Zusammenspiel von Hormonen regelt den Ablauf und sorgt unter dem Einfluß von äußeren Faktoren, wie Lichtmenge oder Tageslänge, dafür, daß zur rechten Zeit die richtigen Anweisungen für die Entwicklung im Erbgut abgerufen oder eingeschaltet werden. Der

Erhebliche Unterschiede bestehen zwischen den Mundwerkzeugen von Raupen und Faltern: Stabförmig ausgestreckt hat der Falter bei der Nahrungsaufnahme den sonst eingerollten Saugrüssel (Abb. links oben). Im krassen Gegensatz dazu verfügen die Raupen über kräftige beißende Mundwerkzeuge (Abb. oben).

Verschiedene Raupenformen Die Abb. auf der rechten Seite zeigen von links oben nach rechts unten: Rotschwanz *(Dasychira pudibunda);* Großer Gabelschwanz *(Cerura vinula);* Wolfsmilchschwärmer *(Celerio euphorbiae);* Asselspinner *(Apoda limacodes);* Buchenspinner *(Stauropus fagi);* Spannerraupe *(Geometridae).*

Beim Rotschwanz weisen die giftigen Haare Freßfeinde ab. Der Große Gabelschwanz zieht bei Gefahr den Kopf zurück und dreht die Schwanzgabel hoch. Das verursacht ein ganz merkwürdiges Aussehen. Die Wolfsmilchschwärmerraupe warnt durch ihre auffällige Färbung vor dem Gift, das sie über ihre Futterpflanze aufgenommen hat, während die ungiftige Buchenspinnerraupe eine wehrhafte (Riesen)ameise nachahmt. Auf Tarnung ausgerichtet sind die asselförmigen, an Nacktschnecken erinnernden Körper der Asselspinnerraupen und die stäbchenförmigen, wie dürre Äste aussehenden der Spannerraupen. Die Vielfalt der Raupenformen ist damit noch längst nicht voll abgedeckt!

Körper der Raupe enthält daher alle Bauanweisungen für den Falterkörper, auch wenn diese während des Raupenstadiums ruhen.
Der Vorteil einer solchen »Verwandlung« liegt auf der Hand: Die Raupe stellt ein perfektes »Freßstadium« im Lebenszyklus dar, das nichts für die Heranbildung von Organen aufzuwenden hat, die später vom Fortpflanzungsstadium, vom Falter, benötigt werden. Der Raupenkörper konnte sich daher ganz auf die Anforderungen spezialisieren, welche mit der Nahrungsaufnahme zusammenhängen. Zwischen den beißenden Mundwerkzeugen einer Raupe, die wir schon bei schwacher Lupenvergrößerung gut erkennen können, und dem elastisch sich ein- und ausrollenden Saugrüssel des Falters kann es keinen kontinuierlichen Übergang geben. Jedes Zwischenstadium müßte notgedrungenermaßen unvollständig, ja unbrauchbar werden! Ebensowenig vertragen sich der dicke, Vorräte ansammelnde, wurmförmige Raupenkörper und der fein gegliederte, Flügel tragende des Falters. Ein Kompromiß zwischen beiden müßte doch recht mäßig, vielleicht sogar wie eine Karikatur zwischen beiden Lebensformen ausfallen. Schließlich braucht der Falter auch andere Sinnesorgane und -leistungen als die Raupe, z. B. zum Auffinden des Geschlechtspartners, von nektarliefernden Blüten oder passenden Futterpflanzen. Kurz, die Trennung von Freß- und Fortpflanzungsstadium eröffnete den Schmetterlingen neue Wege der wirkungsvolleren Anpassung, als dies Insekten mit unvollständiger Verwandlung erreichen könnten.

Das Puppenstadium

Das Puppenstadium zwischen Freß- und Fortpflanzungsstadium sorgt dafür, daß diese Verwandlung ablaufen kann, ohne daß sich der Organismus allzu direkt mit seiner Umwelt auseinandersetzen muß.

Verschiedene Puppenformen Wie ein Dorn steht die Puppe des Aurorafalters *(Anthocharis cardamines)* vom als Unterlage dienenden Ästchen ab (Abb. oben links). Ein feiner Faden hält sie. Solche Puppen bezeichnet man als Gürtelpuppen.
Ebenfalls durch einen feinen Gürtelfaden wird die auffällig gezeichnete Puppe des Baumweißlings *(Aporia crataegi)* festgehalten. Deutlich erkennt man den Flügel in der Scheide und die Hinterleibssegmente.
Einem hängengebliebenen Kottropfen ähnelt die Stürzpuppe des Kleinen Eisvogels *(Limenitis camilla)*.
Blattähnliche Puppe eines Schillerfalters *Apatura iris)*. Solche hängenden Puppen bezeichnet man als Stürzpuppen.

Insbesondere die Art der Tarnung zeigt sich Lebensraumbezogen und verlangt, daß sich Raupen zur Verpuppung den passenden Platz wählen. Puppen, die sich in Kokons befinden, sind einfacher gebaut, da sie keinen äußeren Schutz vor dem »Entdeckt-werden« benötigen.

Der Lebenskreislauf

Die Nahrungsaufnahme ist eingestellt; die Beweglichkeit sehr stark vermindert. Viele Puppen lagern in dichten Kokons oder in Erdhöhlen, die sie nach außen zusätzlich abschirmen. Wiederum sind die Formen recht vielseitig. Es gibt Puppen, die frei nach unten hängen (»Stürzpuppe«). Die Raupe hatte sich mit ihren Spinnsekreten aus den Speicheldrüsen auf der Unterlage festgesponnen und die Hinterleibspitze der Puppe daran verankert. Mit dem Abstreifen der letzten Raupenhaut richtete sie sich nun frei nach außen. Andere Raupen spinnen vorher noch einen feinen Gürtelfaden, welcher die Puppe aufrecht hält (»Gürtelpuppe«). Manche Puppen lassen die Flügelscheiden, die Beine und den Rüssel des sich ausformenden Schmetterlings äußerlich ziemlich stark erkennen. Andere geben sich verborgener.

Das Schlüpfen des Falters

In jedem Fall muß sich der schlüpfende Falter zunächst aus der Puppenhülle und vielleicht auch noch aus einem dichten Kokon befreien. Die Flügel sind noch eng zusammengefaltet. Blutflüssigkeit und Luft müssen in die noch weichen Flügel eingepumpt werden. Dann strecken sie sich, »wachsen« zur vollen Größe heran und erhärten. Frisch geschlüpfte Falter können daher eine Zeitlang noch nicht fliegen. Sie müssen abwarten, bis alles an ihrem Körper, besonders aber bis die Flügel erhärtet sind. Kurze Zeit später geben sie dann eine milchige Flüssigkeit ab, das Meconium. Es enthält die Abfallstoffe der Verpuppung.

Das Schlüpfen eines Falters zu beobachten, gehört gewiß zu den eindrucksvollsten Erlebnissen bei der Zucht von Schmetterlingen (s. S. 88 ff.). Es muß keine spektakuläre Art sein, um diesen Zauber zu vermitteln, der von der Metamorphose ausgeht. Ein Tagpfauenauge, ein Kohlweißling oder ein Admiral führen den Vorgang gleichermaßen schön vor Augen. Jeder, der sich für Schmetterlinge interessiert, sollte ihn wenigstens einmal gesehen und erlebt haben!

Schlüpfvorgang beim Schwalbenschwanz *(Papilio machaon)* Die schlüpfbereite Puppe nimmt einen goldglänzenden Ton an. Kurz hinter dem Kopfbereich springt sie auf. Der Falter streckt sich und faßt mit den Vorderbeinen zu, bis er sich aus der restlichen Hülle befreien kann. Dann sucht er eine erhöhte Stelle, um die Flügel ungestört zu strecken und zu entfalten. Das dauert einige Zeit. Erst wenn sie gehärtet sind, vermag er zu fliegen. Frisch geschlüpft tragen die Falter eine makellose Zeichnung. Nach einigen Tagen wird sie verwaschener, weil Schuppen verlorengehen. Bis zum Härten und Trocknen der Flügel sind die frisch geschlüpften Falter sehr empfindlich. Sie dürfen in dieser Zeit nicht gestört werden.

Beobachten und registrieren

Wie bestimmt man Schmetterlinge?

Bei der großen Zahl von Schmetterlingsarten, die in einem Lebensraum vorkommen können, fällt es nicht leicht, sich zurechtzufinden, auch wenn gute Bestimmungsbücher zur Verfügung stehen. Doch tausend Arten brauchen nicht auf einmal gelernt werden. Nur ganz wenige Spezialisten finden sich ohne Hilfsmittel und große Vergleichssammlungen bei allen mitteleuropäischen Arten zurecht. Die meisten der Schmetterlingskenner spezialisieren sich auf eine Gruppe. Für den Anfang ist es besser, ein gutes Bestimmungsbuch für die häufigsten und auffallendsten Arten zu wählen. Im Literaturverzeichnis sind solche aufgeführt und als für den Anfang geeignet gekennzeichnet. Die von Jedermann beobachtbaren Arten, wie die markanten Tagfalter, erkennt man dann schnell. Nach und nach wird das Artenspektrum vertrauter. Bei den meisten Bestimmungsbüchern entsteht die Schwierigkeit, daß die Falter präpariert abgebildet sind. Die Flügel befinden sich dabei in einer Einheitshaltung. Die Hinterkante der Vorderflügel und die Vorderkante des Hinterflügels stehen möglichst genau senkrecht zur Körperachse. Dadurch sind beide Flügelflächen vollständig sichtbar und alle Merkmale der Ober- oder (bei manchen Arten noch wichtiger) der Unterseite können studiert werden. Der lebende Schmetterling hält die Flügel aber nicht so. Teile des Hinterflügels werden bedeckt; manchmal verschwinden sie auch ganz unter den Vorderflügeln. Diese können ausgespannt, halb angehoben oder nach oben zusammengelegt getragen werden. Die Zeichnungsmuster beider Flügel passen in dieser natürlichen Stellung nun erst richtig zueinander. Dadurch sieht der lebende Schmetterling oft auf den ersten Blick ganz anders aus als der präparierte (vgl. die Abb. auf der rechten Seite und die Fotos vom Mondfleck-Falter auf S. 10/11). Umgekehrt verliert der gespannte Falter mitunter auch wesentliche Merkmale, die sich beim lebenden zeigen. So entschwindet das zarte Grün mancher Spanner, sobald oder kurz nachdem sie getötet wurden, und es wird durch ein leicht grau überhaucht wirkendes Weiß ersetzt. Am besten ist es daher, mit einer Kombination von Bestimmungsbüchern zu beginnen. Eines, das die Schmetterlinge in präparierter Form zeigt, und ein zweites, das sie in natürlicher Stellung fotografiert abbildet. Auf diese Weise bekommt man bald auch ein Gespür dafür, wie sich das Aussehen eines Schmetterlings verändert, wenn er präpariert wird.

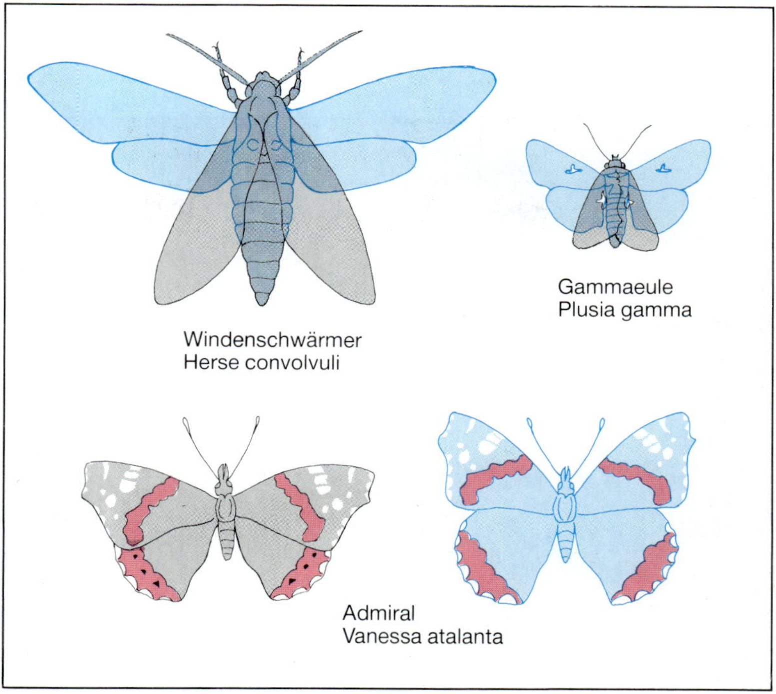

Beim Spannen und Präparieren in »Sammlungs-Haltung« geht die typische Form der Flügelhaltung verloren. Schwarz: natürliche Flügelstellung; blau: gespannter Falter.

Die Präparation kann nicht ganz vermieden werden, weil bei einer Reihe von Arten die tatsächlichen Kennzeichen in der Normalstellung des lebenden Schmetterlings gar nicht erkennbar wären. Für die genaue Überprüfung zu wissenschaftlichen Zwecken ist es ohnehin unumgänglich, auf die Referenzsammlungen der Museen Bezug zu nehmen. Um einen Zitronenfalter oder die heimischen Weißlingsarten zu bestimmen, braucht man aber gewiß kein Museum zu bemühen.

Von den Großschmetterlingen dürfte man mit den vorhandenen Bestimmungsbüchern gut 90% der Arten und sogar einen wesentlichen Teil der Aberrationen sicher bestimmen können. Das ist für den Anfang mehr als genug.

Bei der Bestimmung ist schließlich noch zu berücksichtigen, daß die Schmetterlinge durchaus nicht immer gleich aussehen müssen, wenn sie zu einer bestimmten Art gehören. Sie können zwar nicht mehr »wachsen« und dadurch ihr

Beobachten und registrieren

Deutlich unterscheidet sich das Männchen (Abb. oben) des Kaisermantels *(Argynnis paphia)* in der Flügelzeichnung vom Weibchen (Abb. rechts).

Aussehen verändern (wie Wirbeltiere, bei denen man zwischen Jugendformen bzw. -kleidern und Alterskleidern unterscheiden muß). Das ist durch ihre vollständige Verwandlung auf die anderen Stadien beschränkt; insbesondere auf die Raupen, die sehr wohl in den ersten Stadien ganz anders aussehen können, als in den folgenden und vor der Verpuppung. Aber dafür gibt es bei den Schmetterlingen nicht selten deutliche Unterschiede zwischen Männchen und Weibchen. So trägt das Zitronenfalter-Männchen ein intensives Gelb, das uns stärker auffällt, als das erheblich blassere des Weibchens. Letzteres kann man bei flüchtigem Hinsehen mit einem Kohlweißling verwechseln.

Auch die Jahreszeit kann Einfluß auf die Form und Färbung nehmen. Das wurde bereits ausgeführt. Ein sehr gutes Beispiel dafür ist neben dem geschilderten »Saison-Dimorphismus« des Landkärtchens *(Araschnia levana)* auch derjenige des weit verbreiteten C-Falters *(Polygonia c-album)*, auch Weißes C

Das Weibchen des Kaisermantels besitzt die schmalen Streifen von Duftschuppen auf dem Vorderflügel nicht.

genannt. Saisonunterschiede treten regelmäßig auf und können alljährlich beobachtet werden.
Anders ist dies bei den Abweichungen (Aberrationen). Sie stellen unvorhersagbare Veränderungen des sonst typischen Färbungs- oder Zeichnungsmusters dar. Die meisten tauchen in Einzelstücken auf und verschwinden wieder, ohne daß sie sich im Bestand bemerkbar machen würden. So kann sogar ein Kohlweißling ausnahmsweise einmal ganz schwarz sein. Solche »Schwärzlinge« (melanistische Mutanten) entstehen durch eine übermäßige Produktion schwarzer Farbstoffe. Aber es können auch einzelne Elemente des Zeichnungsmusters ausfallen. Sie fehlen dann im Gesamtbild und täuschen eine andere Art vor. Erst die Untersuchung des Feinbaues der Geschlechtsorgane durch einen Fachmann bringt die Klärung. Sicher wird man bei genauerer Beschäftigung mit den Schmetterlingen in den verschiedenen Gebieten noch alle möglichen Aberrationen entdecken.

Beobachten und registrieren

Kleiner Fuchs *(Aglais urticae),* frisch geschlüpft (Abb. links) und abgeflogen (Abb. rechts). Alte, abgeflogene Schmetterlinge unterscheiden sich oft erheblich von frisch geschlüpften. Nicht nur, daß Schuppen verlorengehen, manchmal »stanzt« ihnen auch ein Vogel bei einem Fangversuch ein Stück Flügel heraus (s. Abb. rechts und S. 12).

Von West nach Ost nimmt die *juncta*-Form der Messingeule zu und ersetzt die Nominatform *(Plusia chrysitis).* In Nord- und Ostasien gibt es nur noch die Form *juncta.* Vielleicht handelt es sich hierbei um eine derzeit entstehende neue Art.

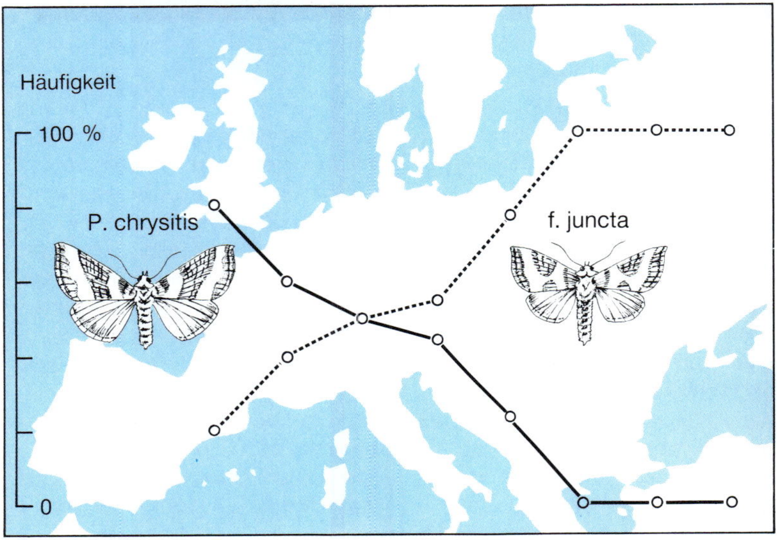

Beobachten und registrieren

Wichtiger, weil für die Artbildungsvorgänge bedeutsamer, sind die in den Beständen fest vorhandenen Farbphasen oder Zeichnungstypen. So gibt es bei der häufigen Messingeule eine Form, bei der die beiden grünmetallischen Bänder auf dem Vorderflügel durch einen Steg miteinander verbunden sind. Sie wird als *Plusia chrysitis* f. *juncta* bezeichnet. Möglicherweise handelt es sich dabei aber um eine entstehende Art, denn die *juncta*-Form fliegt zu anderen Zeiten im Jahr und überschneidet sich mit der Normalform kaum. Nach Osten zu wird sie immer häufiger und in Nord- bzw. Zentralasien stellt sie die einzige Form dar.

Die Feststellung der unterschiedlichen Häufigkeiten bestimmter (und eindeutig bestimmbarer) Färbungs- und Zeichnungsvarianten lohnt sich daher auch aus wissenschaftlichen Gründen. Der interessierte Laie könnte hierzu viel bedeutsames Material zusammentragen.

Messingeule *(Plusia chrysitis)* der Form *juncta* mit verbundenen Metallfeldern.

Erkennen im Freiland

Die Feinheiten des Zeichnungsmusters lassen sich natürlich nur dann beobachten und registrieren, wenn man den Falter gut genug studieren kann. Dazu muß man den Falter fangen. Nun gibt es aber zahlreiche Probleme der Häufigkeit und Verteilung von Schmetterlingen, die unmittelbar im Freiland studiert werden müssen. Man kann unmöglich alle Falter einer Wiese zuerst fangen, um sie anschließend zu bestimmen und wieder freizulassen. Bei einer ganzen Reihe von Arten wäre dies auch gänzlich unnötig. Um Tagpfauenaugen, Kleine Füchse oder Admiräle zu zählen, braucht man sie nicht zu fangen. Ein einfaches Fernglas wird beim Beobachten draußen gute Dienste leisten. Man wählt eines mit mittlerer oder schwächerer Vergrößerung und gutem Blickfeld. Vergrößerungen von 6- bis 8-fach reichen aus. 8 × 30 Gläser sind wegen ihrer Handlichkeit ideal. Mit ihnen kann man insbesondere die Tagfalter sehr gut beobachten und auch zählen. Darüber später mehr. Erst im Zweifelsfall wird der Fang des Falters die Klärung bringen müssen.

Beobachten und registrieren

Registrieren

Sicher möchten sich die meisten Leute, die Schmetterlinge beobachten, in erster Linie an ihnen erfreuen. Das ist ganz richtig und eigentlich die Voraussetzung dafür, daß das Interesse an den Schmetterlingen wach bleibt. Der erste Zitronenfalter im Frühjahr, der erste Kohlweißling oder Bläuling, das sind der Rückkehr der ersten Zugvögel vergleichbare Naturerlebnisse, über die man sich freut.
Mehr wird man aber davon haben, wenn man beim Auftreten des ersten Falters zurückblättern kann: Wann war dies im Vorjahr der Fall? War es da auch die gleiche Art gewesen oder eine andere? Flog der Falter im Garten, im Wald oder über einer Wiese?
Noch wichtigere Fragen stellen sich rasch ein: Gab es im letzten Jahr auch so wenige Schmetterlinge wie in diesem? Nehmen sie allgemein ab? Gehen sie hier in meinem Beobachtungsgebiet besonders stark zurück? Welche Arten drohen zu verschwinden? Schnell bilden sich »Meinungen«, die auf sich verwischenden Eindrücken aus früherer Zeit beruhen. Das Gedächtnis allein reicht nicht aus, um all die Beobachtungen zu speichern, die im Laufe der Zeit anfallen; sie zu speichern und so zu verarbeiten, daß man noch nach Jahren daraus einen sicheren Schluß ziehen kann. Voreilige Schlußfolgerungen nützen aber weder den Bemühungen um die Erhaltung der Faltervielfalt, noch der persönlichen Glaubwürdigkeit bei Auseinandersetzungen in Fragen des Artenschutzes. Man kann andererseits nicht einfach Belege sammeln, um seine Aussagen zu bekräftigen.
Wer einen wirklichen Beitrag zur Erforschung der Schmetterlinge und ihrer Bestandsveränderungen leisten möchte, der wird nicht umhin kommen, seine Beobachtungen möglichst genau zu Protokoll zu nehmen, also aufzuschreiben.
Was schreibt man auf? Die wichtigsten Angaben sind folgende:

- Art
- Anzahl
- Datum
- Uhrzeit
- Beobachtungsgebiet.

Diese Angaben stellen das mindeste dar, was festgehalten werden muß. Darüber hinaus sollte man aber auch noch einige Umstände genauer protokollieren. Die Lufttemperatur etwa, oder die Windrichtung, wenn Schmetterlingszug herrschte. Auch die Windstärke sollte man abschätzen. Bei der Ortsangabe sollte eine kurze Charakterisierung des Lebensraumes nicht fehlen (z. B. Feuchtwiese, Auwald, Waldrand, Dorfgarten und ähnliche Hinweise).

Ein Beispiel:
12 Kohlweißlinge am 10. August 1983 um 11.30 Uhr in einem Hausgarten am Stadtrand von München-N; dazu 1 Distelfalter (durchfliegend) und 1 ♂ Zitronenfalter (besucht blühende Wicken). Dauer der Beobachtung: 30 Minuten; Temperatur 24 °C, Windstärke 2.

Aus solchen Angaben läßt sich im Laufe der Zeit eine Menge ablesen. Nur – sie müssen sorgfältig und zuverlässig gesammelt werden. Wer regelmäßig Schmetterlinge zählen möchte, sollte sich nach einer »Übungszeit« ein Schema entwerfen, in welches er die Daten nur einzutragen braucht. Das hat den Vorteil, daß man auch gleich einen Überblick darüber bekommt, wie häufig man im betreffenden Sommer tatsächlich gezählt hat. Ganz falsche Beurteilungen können nämlich dadurch zustande kommen, daß die Häufigkeit der Kontrollen nicht mit berücksichtigt wurde. So macht es natürlich einen Unterschied, ob ich zur Flugzeit der Schillerfalter einen bestimmten Auwald nur 2 mal bei geeigneten Witterungsbedingungen aufgesucht habe oder 10 mal. Wenn jeweils nur 1 oder 2 Schillerfalter-Männchen anwesend waren, kann die Gesamtsumme der beobachteten Falter im betreffenden Jahr wegen dieser unterschiedlichen Kontrollfrequenz hoch oder niedrig ausfallen. Bei Häufigkeitsvergleichen bedarf es daher zumeist der Angabe »pro Kontrolle«, also der Bestimmung einer »Frequenz« (Gesamtsumme der festgestellten Individuen einer Art während eines Sommers/einer Flugzeit geteilt durch die Zahl der Kontrollen/Exkursionen).
Der Abschnitt über die Methoden der Schmetterlingsbestandserfassung begründet diese Anforderung noch genauer und zeigt, welches Vorgehen geeignet ist, um Häufigkeitsänderungen festzustellen.
Die Ausrüstung eines Schmetterlingsbeobachters besteht daher aus einem kleinen Fernglas, Notizblock und vielleicht aus einer kleinen Zähluhr, mit der man häufige Arten nur eintippt, ohne daß man im Kopf immer mitzählen muß. Für die Überprüfung mancher Arten wird es sich aber nicht umgehen lassen, sie zu fangen. Bei nachtaktiven Schmetterlingen kommt man ohnehin nur mit Fang zurecht.

Schmetterlinge fangen

Netzfang

Das »Schmetterlingsnetz« gilt auch heute noch als »Bestimmungsmerkmal« eines Entomologen. Für

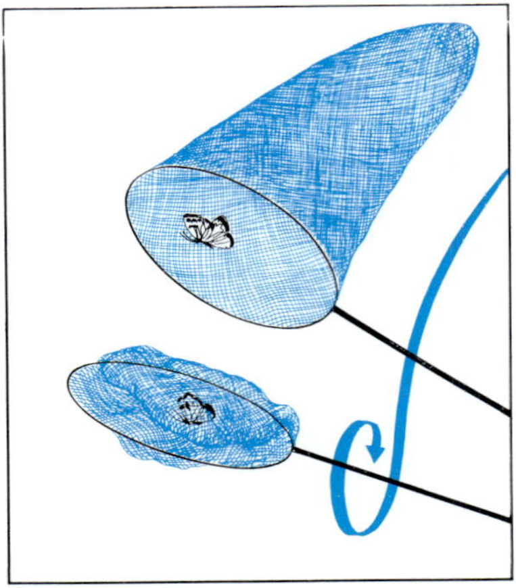

Handhabung des Schmetterlingsnetzes beim Fang. Die Falter bleiben dabei unversehrt.

die Schmetterlingskundler unter ihnen, die »Lepidopterologen«, ist es unentbehrlich.

Denkbar einfach im Grundaufbau bietet es die einzige Möglichkeit, am Tage fliegende Schmetterlinge so zu fangen, daß sie unbeschädigt bleiben. Folgende Dinge sind wesentlich:

- Das Netz sollte etwa 40 bis 50 cm Durchmesser haben;
- der Netzteil muß etwa doppelt so lang wie der Durchmesser sein;
- das Netz muß aus leichtem Tüll oder ähnlichen Stoffen bestehen, die beim Zuschlagen keinen nennenswerten Luftwiderstand verursachen; es sollte sich zur Spitze hin verjüngen;
- der Haltestab sollte etwa Unterarm- bis Armlänge erreichen (längere Stäbe werden zu unhandlich);
- am Bügel muß das Netz mit einem Überschlag aus strapazierfähigem Leinen geschützt werden;
- zusammenlegbare Netze lassen sich leichter transportieren als fest montierte, sind aber unter Umständen anfälliger.

Mit etwas Übung lernt man schnell, das Netz zielsicher zu gebrauchen. Man muß keineswegs ausdauernd hinter den Faltern herlaufen, um sie zu bekommen. Ein bißchen Geduld zu Beginn und man findet schnell heraus, welche Flugwege ein bestimmter Schmetterling einhält, wo er sich gerne hinsetzt oder wie er auszuweichen versucht. Gerade die Tagfalter sind keine schnellen, kräftigen Flieger, wie etwa die Schwärmer. Dennoch verstehen sie es, sich einem Fangversuch zu entziehen. Ihre breiten, gerundeten Flügel befähigen sie zu außerordentlich raschen Ausweichmanövern, blitzschnellen Drehungen und Wendungen. Einige Arten, wie die Schillerfalter, können überraschend schnell und wendig segeln. Ein Meister in dieser Flugart bekam davon sogar den deutschen Namen, der Segelfalter *(Iphiclides podalirius)*. Die langgezogenen »Schwänzchen« an den Hinterflügeln wirken wie Steuer im Segelflug. Immer wieder drehen die Segelfalter ihre eleganten Kurven um mit Buschwerk bewachsene Hügelkuppen. Es ge-

hört einiges Geschick dazu, diese hervorragenden Flieger ins Netz zu bekommen.
Befindet sich ein Falter im Netz, so dreht man es aus der Fangbewegung so zur Seite, daß der hintere Teil des Fangsackes über den nun umgedrehten Bügelrand kippt. Dadurch wird der Schmetterling in der hinteren Sackhälfte automatisch eingesperrt. Nun läßt er sich durch den feinen Tüll hindurch beobachten, eventuell auch so zwischen Tüll-Lagen halten, daß er nicht mehr flattert. Mit etwas Geschick gelingt es sogar, die Flügel in geöffneter Position festzuhalten, ohne daß dabei Schuppen abgerieben oder gar die Flügel beschädigt werden. Hat man das Bestimmungsbuch zur Hand, macht es meist keine Schwierigkeiten mehr, den Falter zu erkennen. Feinheiten der Zeichnung werden mit der Abbildung verglichen und vielleicht auch die Textbeschreibung mit berücksich-

Vom Kopf weg lenkt das Muster des Segelfalters *(Iphiclides podalirius)* Angriffe von Vögeln.

tigt, denn es könnte sich um eine Abweichung vom Normalfall handeln. Das tritt häufig bei den Bläulingen auf, deren Flügeloberseite oft wenig markante Kennzeichen anbietet. Dafür sind die Flecken, Punkte oder Ringe auf der Flügelunterseite um so wichtiger für die Bestimmung. Im Netz lassen sie sich gut überprüfen.
Natürlich müssen die gefangenen Falter möglichst rasch wieder freigelassen werden. Das sollte grundsätzlich für alle gelten, nicht nur für die dem Artenschutz des Naturschutzgesetzes unterliegenden.

Köderfang
Manche Schmetterlinge werden von bestimmten Geruchstoffen geradezu magisch angezogen. Die ausgefeilteste Form des »Köderns« stellen unbefruchtete, frisch geschlüpfte Weibchen dar. Sie senden artspezifische Duftstoffe aus, die oft bis auf viele Hundert Meter Distanz, bei einigen Spinnern bis über Kilometer, die Männchen anlocken. Die freigesetzten Stoffe dienen als Sexuallockstoffe dem natürlichen Zusammenfinden der Geschlechter. In der biologischen Schädlingsbekämpfung macht man sich dies zunutze, indem man in geeigneten Fallen frisch geschlüpfte Weibchen hält und die anfliegenden Männchen abfängt. Auf diese Weise wird der Bestand in gewissem Umfang ausgedünnt und auf ein harmloses Niveau herabgedrückt. Der Einzelne kann dieses Verfahren dann selbst anwenden, um in seinem Untersuchungsgebiet zu überprüfen, wieviele Männchen vorhanden sind, wenn er unbefruchtete (virginelle) Weibchen in einen kleinen Behälter gibt, durch den die Luft zwar durchstreichen (und damit für die Ausbreitung des Duftstoffes sorgen) kann, der aber für die Männchen unzugänglich bleibt. Sonst würde die Duftstoffabgabe mit der ersten Begattung beendet sein und keine weiteren Männchen mehr anlocken.
Besonders eindrucksvoll gelingt dieses kleine Experiment mit Wasserschmetterlingen (Seerosenzünsler, *Nymphula nymphaeata*), über deren interessante Lebensweise auf S. 105ff. berichtet wird. Doch nicht nur die arteigenen Sexuallockstoffe ziehen Schmetterlinge an. Oft sind es ganz andere Arten von Substanzen, die als Köder wirken. So fliegen Schillerfalter (Gattung *Apatura*) und Eisvögel (Gattung *Limenitis*) sehr gerne stinkenden Käse an. Zerlaufende Stinkkäsesorten sind gerade richtig. Man bringt sie im Gelände an geeignete Stellen bei nicht zu starkem Wind, dann werden fast mit Sicherheit die sonst oft recht hoch im unteren Kronbereich fliegenden Großen oder Kleinen Schillerfalter

Auch Tagfalter, wie hier der Erdbeerbaumfalter *(Charaxes jasius),* saugen gerne an Saftaustritten von verletzten Bäumen. Nachts kommen viel mehr Falter an Saftquellen zu Besuch.

oder Eisvögel angeflogen kommen und den Köder kurz umgaukeln, bis sie sich darauf niederlassen und zu saugen beginnen. Auch an tierischen Exkrementen saugen sie mitunter längere Zeit, besonders in den Vormittagsstunden.

Eulenfalter, vor allem die auf den Hinterflügeln wunderschön gefärbten Ordensbänder, lassen sich mit anderen Ködern anlocken. Man rührt einen Brei aus etwa gleichen Gewichtsmengen von Honig und Malzbier (oder dunklem Bier) zu-

Ruhestellung des Blauschwarzen Eisvogels *(Limenitis reducta)*.

sammen und läßt die zähe Flüssigkeit gären. Auch mit Sirup kann man diese Gärung des Bieres durchführen. Ohne Gärung muß man die Mischungen zuerst aufkochen, damit sie volle Wirksamkeit entfalten. Den gegorenen Brei streicht man auf Baumstämme oder Holzpfosten. Etwas mit Mehl oder Marmelade eingedickt läßt er sich auch auf Apfelscheiben oder Schaumgummistückchen auftragen. Man bindet sie in Schnüren zusammen und legt sie über Büsche oder um Baumstämme. Ein Schuß Rum in den Brei oder Apfelsaft in den Honigköder verstärkt die Wirkung, weil gerade das fruchtige Aroma oft sehr anziehend wirkt. Auf diese Weise bekommt man Schmetterlingsarten zu Gesicht, die sonst nur zufällig beobachtet werden können oder – wie beispielsweise die Ordensbänder – Lichtfallen (vgl. nächsten Abschnitt) kaum anfliegen. Benutzt man den Köder zur Anlockung nachtaktiver Arten, wie der Eulen oder speziell der Ordensbänder, so muß man ihn natürlich auch nachts kontrollieren. Eine starke Taschenlampe und ein Markierungstuch, mit dessen Hilfe man die Schnüre oder die Auftragestellen des Köders wieder findet, sind dazu vonnöten. Man wird staunen, was sich an solchen Köderstellen während warmer Abende und Nächte einfindet, um von den süßen und aromatischen Substanzen zu naschen.

Lichtfallen

Die weitaus effektivste Methode des Schmetterlingsfanges stellen die Lichtfallen dar. Die meisten der nachtaktiven Arten lassen sich vom Licht anlocken, insbesondere wenn dieses reich an blauen und ultravioletten Wellenlängen ist. Die Komplexaugen der Schmetterlinge bringen es mit sich, daß es ihnen schwerfällt, einmal in den Bannkreis einer Lichtquelle gekommen, diesen wieder zu verlassen. Im Idealfall beschreiben die vom Licht angelockten Falter eine sich verengende Spirale, die zum Licht führt. Befindet sich an der Lichtquelle ein Hindernis, so stoßen sie dagegen und fallen nach unten.

Viele der Lichtfallentypen sind mit einer Vorrichtung kombiniert, welche die eingefangenen Insekten tötet. Diese »Massentötungsanlagen« sind heute verboten. Wer sie dennoch betreiben will, braucht eine naturschutzrechtliche Ausnahmegenehmigung.
Doch es ist ganz und gar unnötig, solche Lichtfallen zu verwenden. Denn gleich wirksam, aber für die Gefangenen harmlos, sind die Lebendfang-Lichtfallen. Nur von ihnen soll hier die Rede sein.
Man kann sich solche Lichtfallen selbst basteln, doch gehört ein gewisses Maß an technischem Geschick dazu. Die Grundkonstruktion besteht aus einer UV-reichen

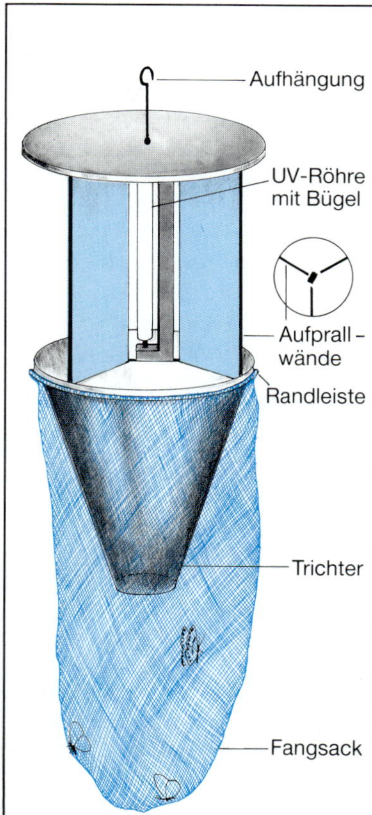

Aufbau einer Lichtfalle zum Lebendfang von nachtaktiven, auf Lichtanlockung (Ultraviolett) reagierenden Faltern. Leistung der UV-reichen Blaulichtröhre 20 bis 25 Watt (Abb. oben).

Lichtfalle zum Lebendfang von Nachtfaltern. Der Fangsack ist noch nicht über den Trichter gestülpt (Abb. links).

Blaulicht-Neonröhre (25 Watt, für Wechselstrom-Anschluß; bei Batteriebetrieb benötigt man Umformung auf Wechselstrom) mit Halterung. Sie wird oben durch ein Dach abgedeckt, das die elektrische Installation vor Nässe schützt. Nach den Seiten stehen in etwa 2 cm Abstand von der Röhre 3 Aluminiumflächen im Winkel von 120° zueinander, die am Ende der Röhre von einem Trichter gefaßt werden, der nach unten eine Öffnungsweite von 5 bis 6 cm aufweist. Oberer Öffnungsdurchmesser 30 cm. Am oberen Trichterrand befindet sich ein hochgezogener Ansatz, über den der Fangsack gestreift wird. Daran läßt er sich vor Wind und Regen sicher befestigen. Der Fangsack besteht aus grobem, stabilem Leinen. Er sollte wenigstens doppelt so lang wie der Trichter sein und sich nach unten zu verjüngen. Die vom Licht angelockten Schmetterlinge beginnen mehr oder minder unregelmäßig die Lampe zu umkreisen. Dabei stoßen sie über kurz oder lang gegen die Seitenteile, die außerdem noch die Abstrahlung des Lichtes in den 3 Winkeln verstärken. Sie fallen durch den glatten Trichter, an dem sie sich nicht festhalten können und gelangen in den vom Licht geschützten Fangsack. Hier finden sie rasch Ruhe. Meist kriechen sie an den Seiten hoch, bis der Trichter den weiteren Weg nach oben versperrt. In dieser Stellung beruhigen sie sich und verbleiben den Rest der Nacht. Nicht selten kann man beobachten, daß es sogar unter diesen Bedingungen zu Verpaarungen kommt, wenn frisch geschlüpfte Weibchen vom Licht angelockt wurden.

Am nächsten Morgen wird die Lichtfalle ausgeschaltet (das kann auch über einen Zeitschalter zu jeder beliebigen Nachtzeit schon geschehen). Vorsichtig streift man nun den Fangsack herab. Geschieht dies zeitig genug am Morgen, also etwa zwischen 7 und 9 Uhr, so bleiben die meisten Schmetterlinge ruhig am Fangsack sitzen. Man kann sie vorsichtig einzeln mit der Hand herausnehmen, betrachten und bestimmen. Dann läßt man sie wieder fliegen!

Wenige werden, wenn die Lichtfalle sachgerecht ausgeführt wurde, Beschädigungen am Schuppenkleid zeigen. In aller Regel kommt es zu keinen echten Verletzungen. Nur in ganz warmen Hochsommernächten, in denen die Lufttemperatur nicht unter 20 °C absinkt, bleiben die gefangenen Schmetterlinge auch im Sack längere Zeit aktiv und können dann besonders am Vorderrücken Schuppen und Haarbüschel abreiben. Allerdings darf man »abgeflogene« Individuen nicht mit durch den Fang beschädigten ver-

An der Außenseite des Trichters ruhen auch nach dem Abnehmen des Fangsackes einige Eulen. Die Hauptmasse setzt sich aber an der Innenwand des Fangsackes nieder und verbringt hier den Rest der Nacht ganz ruhig, ohne die Flügel zu beschädigen.

wechseln. Wie noch zu zeigen sein wird, ermöglichen solche Lichtfallen-Lebendfänge auch Untersuchungen zu den Überlebensraten der Falter. Solche, die schon mehrere Tage alt sind, haben natürlich auch mehr Schuppen verloren und mancherlei Nachstellungen durch Feinde hinter sich gebracht. Sie sehen dann längst nicht mehr so frisch und unbeschädigt wie eben geschlüpfte aus.
Kurz und gut: Lichtfallen-Lebendfänge beeinträchtigen bei einer sachgemäßen Ausführung die Schmetterlinge nicht. Diese können am nächsten Morgen unbeschädigt wieder freigelassen werden. Darin liegt der große Vorteil einer solchen Fanganlage. Sie greift im Gegensatz zu jenen Lichtfallen, die die gefangenen Tiere töten, nicht in die Überlebensraten ein und kann daher aus der Sicht des Artenschutzes als unbedenklich gelten.
Die Lichtfalle hängt man am besten in etwa 1,5 m Höhe in einem windgeschützten Winkel eines Gebäudes auf. Höher hängende können unter Umständen von schwachen Fliegern nicht mehr erreicht werden. Tiefer hängende reichen mit ihrer Lichtwirkung nicht so weit. Am besten sind natürlich Hanglagen, von denen aus das Licht möglichst ungehindert ausstrahlen kann. Bei Kessellage fängt man dafür gebietsspezifischer, das heißt, daß weniger durchziehende und bloß umherstreifende Arten ankommen als bei Fallen, die Fernwirkung erzielen. Dadurch tritt das Artenspektrum des betreffenden Gebietes, welches die Lichtfalle unmittelbar umgibt, stärker in den Vordergrund.
2 mächtige »Konkurrenten« nehmen Einfluß auf die Lichtfang-Ergebnisse. Einmal ist dies helles Mondlicht. Fänge zur Zeit des Vollmondes und bei klarem Himmel fallen daher deutlich schwächer aus als solche, die bei bedecktem Himmel (dunkle Nächte) stattgefunden haben – gleiche Temperaturen, Luftfeuchtigkeit und Windverhältnisse vorausgesetzt.
Vollmondphasen kann man bei der

Beobachten und registrieren

Totengräber *(Necrophorus)* fliegen nicht selten in Lichtfallen. Sie fressen mitunter träge Falter an. Deshalb ist es wichtig, die Fallen immer rechtzeitig zu leeren. Auch Maikäfer fliegen die Lichtfallen an.

Wahl der Fangnächte ausweichen, nicht aber dem anderen, mächtigen Lichteinfluß. Es sind dies die künstlichen Lichtquellen, besonders Straßenlaternen. Trotz ihrer größeren Höhe über dem Boden und anderer Spektralzusammensetzung des Lichtes ziehen sie von einer nahen Lichtfalle zu viele Schmetterlinge ab. Es empfiehlt sich daher, bei der Wahl des Standortes die Lichtverhältnisse im Umfeld zu berücksichtigen. Je weniger Konkurrenzlicht, um so effektiver werden die Lichtfallen arbeiten können.
Zahlreiche andere Faktoren wirken auf die Fangergebnisse ein. Sie sind bei der Anlage von Untersuchungsprogrammen mit Einsatz von Lichtfallen zu berücksichtigen (S. 68 ff.).
Mit dem Betrieb einer solchen Lichtfalle erwächst selbstverständlich die Verpflichtung, wirklich so früh wie möglich am nächsten Morgen die Kontrolle des Fanges vorzunehmen, um den gefangenen Schmetterlingen unverzüglich die Freiheit wiedergeben zu können. Bleiben sie zu lange im Sack, besteht die Gefahr, daß sie vertrocknen. Denn die meisten vertragen die geringere Luftfeuchtigkeit am Tage nicht und weichen daher auf entsprechend feuchte Stellen für das Überdauern des Tages aus.
In die Lichtfallen fliegen ziemlich regelmäßig Aaskäfer. Die großen Arten, wie der Gemeine Totengräber (*Necrophorus vespillo* und der sehr ähnliche *N. vespilloides*) oder der Schwarze Totengräber *(Necrophorus humator)*, fliegen die Lichtfalle an und fangen sich darin. Aber im Gegensatz zu Maikäfern *(Melolontha melolontha)* verhalten sie sich nicht ruhig, sondern versuchen die Körper kräftiger Schmetterlinge anzubeißen. Wartet man mit der Auswertung des Fanges zu lange, so kann es dadurch zu Verlusten kommen.
Lichtfallenfänge erweisen sich in jeder Hinsicht als außerordentlich interessant. Nicht nur die Artenzahl wird begeistern, die selbst ein ganz

durchschnittlicher Garten am Stadt- oder Dorfrand während des Hochsommers hervorbringt. Die besten Fangnächte in einem gut mit Bäumen und Büschen bewachsenen Innenhof in München-Nymphenburg ergaben über 60 (!) Schmetterlingsarten in einer einzigen Nacht. Bei Fängen in naturnahen Auwäldern dürften die Spitzenwerte bei knapp 200 Arten in über 1 000 Individuen insgesamt liegen. Das alles, wohl gemerkt, in einer einzigen Nacht.

Markierung

Die meisten Schmetterlinge leben zwar nur kurz, aber dennoch ist es interessant und wichtig, ihre Lebensdauern und Überlebensraten zu kennen und zu erforschen. Bei Wanderfaltern fing man damit an, die Flügel zu markieren. Dünne Plättchen mit Nummern oder kleinen Angaben wurden unterhalb der Flügelspitze aufgeklebt, so daß die Finder daraus entnehmen konnten, daß der Schmetterling zurückgemeldet werden sollte. Bei solchen

Ein im Rahmen der Bonner Wanderfalteruntersuchungen von Dr. H. Roer markierter Admiral. Man erkennt deutlich die Plättchen mit der Beschriftung.

Beobachten und registrieren

Versuchen, die insbesondere von Dr. Roer am Museum Alexander Koenig in Bonn schon vor Jahren durchgeführt wurden, erhielt man Aufschluß über das Abwandern freigesetzter Falter aus Gefangenschaftszuchten. Aus der abnehmenden Häufigkeit der Rückmeldungen läßt sich dann auch auf die Überlebensraten schließen.
Einfacher und wirkungsvoller geht dies mit den Lichtfallenfängen zu machen. Hier greift man eine Art heraus, die häufig genug fliegt. Täglich werden nun alle Individuen dieser Art in von Tag zu Tag wechselnder Weise auf dem von Schuppenhaaren freigeputzten Rücken mit feinen Nagellacktröpfchen oder ähnlichen Farben markiert und wieder freigelassen. Aus dem Anteil der neu hinzukommenden, nicht markierten Falter dieser Art und dem Verschwinden der markierten läßt sich dann das Überleben bzw. die Sterberate berechnen. Das setzt voraus, daß Zu- und Abflug (also Einwanderung und Auswanderung) einander ausgleichen.
Durch geeignete Markierungen kann man dies auch miterfassen.
Die Menge **N** der im Fanggebiet anwesenden Individuen einer Falterart hängt von der Schlüpfrate (**b**), der Sterberate (**m**), der Zuwanderung (**I**) und der Abwanderung (**E**) ab.

$$N = b - m + I - E$$

Je nachdem, ob Schlüpf- und Zuwanderungsrate überwiegen, oder Sterblichkeit und Abwanderung, ergeben sich unterschiedliche Trends im Bestand: er nimmt zu oder ab!
Aus solchen Untersuchungen zeigte sich, daß die Wiederfangrate markierter Individuen nach fünf Nächten schon unter 10% absinkt. Aber würde gleich am nächsten Tag gefangen, so kann sie deutlich über 60%, bei großen Arten bis über 90% betragen. Zu häufige, zu dicht gestaffelte Lichtfallenfänge sollten daher vermieden werden.
Die Markierung kann aber noch mehr leisten. Sie ermöglicht auch eine Abschätzung der Bestandsgröße! Denn die normalen Lichtfallenfänge sagen ja nur wenig über die tatsächlichen Bestandsgrößen der gefangenen Arten aus. Erst über die Jahre hinweg liefern sie Informationen über das Auf und Ab, über die Bestandsschwankungen (Populationsdynamik). Für die aktuellen Fangergebnisse stellen sie einen »Index-Wert« dar, der zwar aussagt, daß die Art A häufiger ist (die Lichtfalle anfliegt) als die Art B. Aber die Fangmengen geben keinen Anhalt über die Größe der Bestände, aus denen die gefangenen Individuen stammen.
Das läßt sich auf sehr einfache Weise berechnen: Man markiert in der einen Fangnacht alle Individuen der betreffenden Art und bezeichnet

Eine der häufigsten Eulen ist das Schwarze C *(Amathes c-nigrum)* mit dem charakteristischen Mal auf dem Vorderflügel.

sie mit **a**. In der nächsten Nacht, die möglichst gleiche Flugbedingungen bieten soll, fängt man wieder und bekommt nun eine neue Anzahl von Individuen dieser Art (**b**). Sie enthält markierte (**r**) und nicht markierte, also neu hinzugekommene Individuen. Die gesuchte Bestandsgröße **X** errechnet sich dann nach der Formel:

$$\mathbf{X} = \frac{\mathbf{a \cdot b}}{\mathbf{r}}$$

Selbstverständlich ist dies nur eine relativ grobe Abschätzung des Bestandes, aber sie kann recht aufschlußreich sein. Korrigiert man sie mit der mittleren Sterberate pro Tag, die sich aus den Überlebenskurven bestimmen läßt, so bekommt man schon einen etwas genaueren Wert. Doch die Grenzen werden fließend bleiben müssen, weil die örtlichen Bestände ja auch nicht scharf abgegrenzt vorkommen, sondern im Austausch mit angrenzenden stehen. Immerhin kann man aber sagen: In meinem Garten lebten zur Hauptflugzeit etwa 800 Graseulen *(Agrotis exclamationis)* oder 190 Schwarze C *(Amathes c-nigrum)* pro Tag (Nacht).

Solche Markierungen wurden bislang noch ganz unzureichend ausgeschöpft, um die Bestandsentwicklungen und Häufigkeiten heimischer Nachtfalter zu erforschen. Jeder kann sich daran beteiligen, ohne daß er dazu eine »Beringungserlaubnis«, wie bei den Vögeln, benötigt.

Natürliche Markierungen treten mitunter ganz augenfällig zutage, wenn man Tagfalter im Netz hat und sie genauer inspiziert. Da fehlt dem Hinterflügel ein Eck. Ein Vogelschnabel hat es bei dem Versuch, den Falter zu fassen, herausgestanzt. Oft fliegt dieser »markierte« Schmetterling noch tagelang im Garten, bis er verschwindet.

Beobachten und registrieren

Schmetterlinge zählen

Linientaxierung

Ausreichende Vergleichbarkeit setzt der Verwertung von Zählungen im Freiland oft Grenzen. Deshalb ist es sehr wichtig, daß Zählungen, die Aufschluß über Bestandsgrößen oder Häufigkeitsänderungen geben sollen, so angelegt werden, daß sie tatsächlich gut genug vergleichbar sind. Eine gute, wohlerprobte Methode stellt die sogenannte »Linientaxierung« dar. Der Zähler geht eine bestimmte Strekke, beispielsweise 200 m, langsam ab und ermittelt alle Falter einer oder mehrerer Arten (die, ohne sie zu fangen, erkennbar sind) beidseitig der Kontrollstrecke auf 5, 10 oder 20 m Distanz. Je nach Übersichtlichkeit des Geländes kann die Distanz auch vergrößert oder enger gefaßt werden. Stets sollte aber der Streifen wenigstens 5 mal so lang wie breit sein. Denn je mehr sich eine Kontrollfläche dem Quadrat nähert, um so schwieriger wird es, die Flugbewegungen aller Falter so unter Kontrolle zu behalten, daß man keine Mehrfachzählungen vornimmt.

Zur Auswertung legt man sich eine Serie unterschiedlicher Biotope zurecht, deren Arten- und Individuenhäufigkeit man vergleichen kann. So eignen sich solche Linientaxierungen insbesondere dann, wenn die Probeflächen nicht unmittelbar aneinandergrenzen und beispielsweise mit dem Fahrrad kontrolliert werden. Die Strecken müssen nicht gleich lang sein. Vielmehr können sie beliebig gewählt werden, weil man leicht auf Standardeinheiten umrechnen kann. Diese lauten dann z. B. Anzahl der Arten und Anzahl der Individuen insgesamt oder pro Art auf 100 m Linientaxierung. Die Beispiele zeigen solche vergleichende Auswertungen (Abb. S. 67 und 146).

Punkttaxierung

Längst nicht alle Gebiete eignen sich für Linientaxierungen. Schon in einem Garten wird man Schwierigkeiten mit der Streckeneinteilung bekommen, wenn der Garten nicht parkartig groß ist. Man kann sich dadurch behelfen, daß man die Linie gewissermaßen zum Punkt werden läßt. Von diesem Punkt aus zählt man alle Schmetterlinge in einer bestimmten Zeitspanne (z. B. 2, 3 oder 5 Minuten). Dieses Vorgehen hat den Vorteil, daß man die Zählpunkte rasch wechseln und damit schnell ziemlich viele Daten erhalten kann.

Beispiel einer Schmetterlingszählung (Linientaxierung). Solche Daten vermitteln – regelmäßig genug erhoben – Ergebnisse über die Bestandsentwicklung der Falter.

Schmetterlingszählung

Gebiet: Unterer Inn
Damm bei Aufhausen
(Gemeinde Bad Füssing, Niederbayern)

Datum: 1. Juni 1973

Uhrzeit: 16.15–16.45 Uhr

Wetter: leicht bewölkt, windstill, 24 °C

Biotop: Magerrasen am Inndamm; noch nicht gemäht; viele Blüten; Auwaldrand.

Linientaxierung (Strecke): 500 m
Punkttaxierung (Zeit): ./.

Ergebnis:

Tagfalter:
Kl. Fuchs (Vanessa urticae) – 2
Kl. Kohlweißling (Pieris rapae) – 1
Heufalter (Coenonympha pamphilus) – 3
Bläuling (Polyommatus icarus) – 16
Kommadickkopf (Hesperia comma) – 2

Spinner:
Eichenspinner (Lasiocampa quercus) – 1 ♂

Eulen:
Gammaeule (Plusia gamma) – 1
Gonospileia glyphica – 3
Colobochyla salicalis – 2
Rivula sericealis – 1
Eustrotia olivana – 2

Spanner:
Bapta bimaculata – 1
Semiothisa clathrata – 2
Ematurga atomaria – 3
Cabera pusaria – 3
Minoa murinata – 17
Cidaria alternata – 2

---

62 Schmetterlinge (17 Arten)

Beobachten und registrieren

Für eine rasche Beurteilung, ob in einem Gebiet wenige oder viele Schmetterlinge fliegen, eignet sich diese Punkttaxierung sehr gut. Je mehr Einzelpunkte innerhalb eines Lebensraumtyps zu Verfügung stehen, um so verläßlichere Mittelwerte kann man bilden. Das Ergebnis sind relative Häufigkeiten der Arten, keine absoluten. Aber diese sind ohnehin nur mit größerem Aufwand durch Markierung und Wiederfang zu ermitteln.

Bei Linien- wie bei Punkttaxierungen ist es wichtig, auch die Witterungsbedingungen zur Erfassungszeit festzuhalten. Sonnenschein und Wind stellen erfahrungsgemäß die beiden wichtigsten Witterungseinflüsse bei Tagfaltern dar. Schnell wird sich aus den gewonnenen Daten erkennen lassen, wie stark die Flugaktivität davon abhängt. Sie ändert sich auch mit der Jahreszeit, so daß gute Vergleiche nur innerhalb von Monaten, bei kürzeren Flugzeiten mitunter auch nur von einigen Wochen möglich sind. Bei Arten mit 2 oder mehr Flugphasen im Jahr oder langgezogenen Flugzeiten spielen die Witterungseinflüsse in der Jahresgesamtbilanz naturgemäß eine geringere Rolle als bei nur kurzzeitig fliegenden.

Lichtfallen-Auswertung

Bei den Lebendfang-Lichtfallen besteht von vornherein ein Vorteil: die Fangmethode bleibt völlig konstant und ist von der persönlichen Verfassung des Untersuchers (im Gegensatz zu Linien- oder Punkttaxierungen) weitestgehend unabhängig. Höchstens in der Qualität der Artbestimmungen kann sie zum Ausdruck kommen. Dadurch lassen sich Lichtfallenfänge grundsätzlich leichter vergleichen als alle anderen Schmetterlingszählungen. Dafür fordern sie auch mehr Artenkenntnis und – während der Hauptflugmonate – auch mehr unmittelbaren Zeitaufwand bei der Auswertung. Tausend Schmetterlinge im Fangsack bedeuten auch für versierte Lepidopterologen einige Stunden intensiver Arbeit.

Am besten beginnt man mit den Fängen im zeitigen Frühjahr, wenn nur wenige Arten (vorwiegend die überschaubare Gruppe der Kätzcheneulen und einige andere) aktiv sind. 5–10 Arten pro Fang kann man zunächst erwarten.

Mit fortschreitender Jahreszeit werden es allmählich immer mehr Arten. Allerdings wechselt auch die Zusammensetzung des Artenspektrums, so daß jeder Monat Neues bringt. Der Höchstwert wird Mitte Juli erreicht, wenn warmes Hochsommerwetter herrscht und keine anhaltende Trockenperiode eingetreten ist. Jetzt können in guten Fanggebieten die Artenzahlen regelmäßig über 100 liegen.

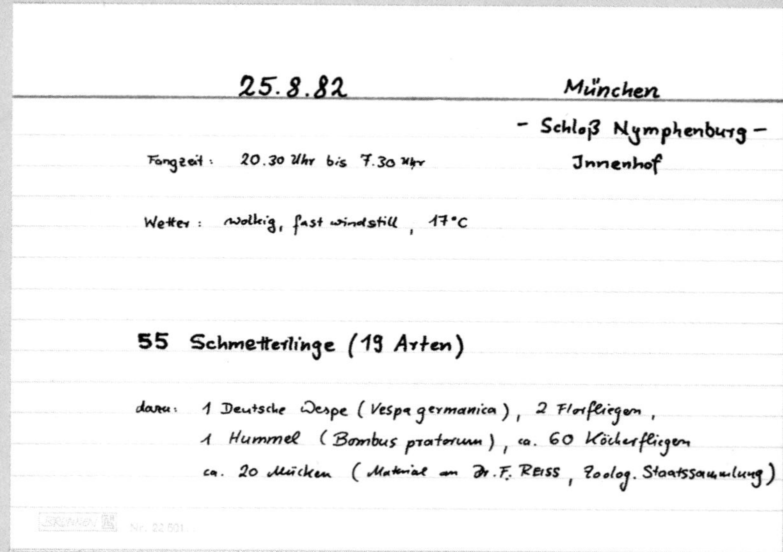
25.8.82 München

– Schloß Nymphenburg –

Fangzeit: 20.30 Uhr bis 7.30 Uhr Innenhof

Wetter: wolkig, fast windstill, 17°C

55 Schmetterlinge (19 Arten)

dazu: 1 Deutsche Wespe (Vespa germanica), 2 Florfliegen,
1 Hummel (Bombus pratorum), ca. 60 Köcherfliegen
ca. 20 Mücken (Material an Dr. F. REISS, Zoolog. Staatssammlung)

BRUNNEN Nr. 22 601

Beispiel eines Lichtfallen-Fangergebnisses im Stadtbereich von München. Vorderseite der Karteikarte (oben) und Rückseite (unten).

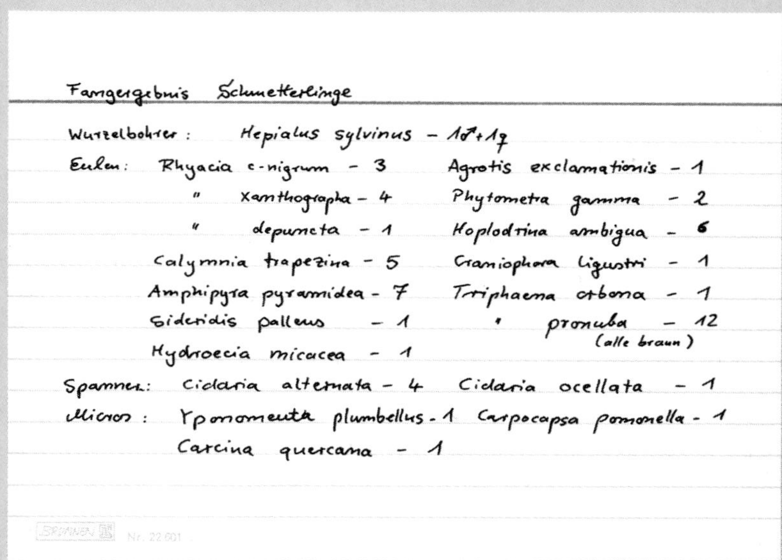
Fangergebnis Schmetterlinge

Wurzelbohrer: Hepialus sylvinus – 1♂ + 1♀

Eulen: Rhyacia c-nigrum – 3
" xanthographa – 4
" depuncta – 1
Calymnia trapezina – 5
Amphipyra pyramidea – 7
Sideridis pallens – 1
Hydroecia micacea – 1
Agrotis exclamationis – 1
Phytometra gamma – 2
Hoplodrina ambigua – 6
Craniophora ligustri – 1
Triphaena orbona – 1
" pronuba – 12 (alle braun)

Spanner: Cidaria alternata – 4, Cidaria ocellata – 1

Micros: Yponomeuta plumbellus – 1, Carpocapsa pomonella – 1
Carcina quercana – 1

BRUNNEN Nr. 22 601

Beobachten und registrieren

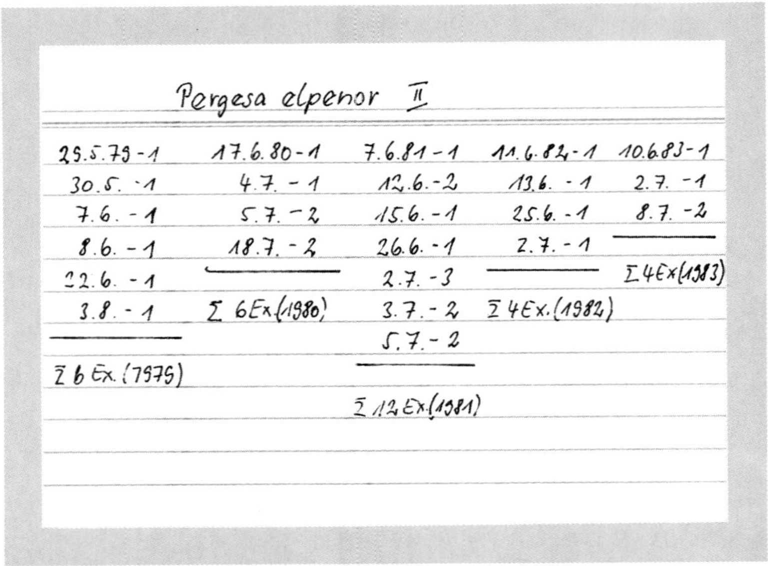

Pergesa elpenor II

1979	1980	1981	1982	1983
29.5.79 - 1	17.6.80 - 1	7.6.81 - 1	11.6.82 - 1	10.6.83 - 1
30.5. - 1	4.7. - 1	12.6. - 2	13.6. - 1	2.7. - 1
7.6. - 1	5.7. - 2	15.6. - 1	25.6. - 1	8.7. - 2
8.6. - 1	18.7. - 2	26.6. - 1	2.7. - 1	Σ 4 Ex (1983)
22.6. - 1	Σ 6 Ex (1980)	2.7. - 3	Σ 4 Ex. (1982)	
3.8. - 1		3.7. - 2		
Σ 6 Ex. (1979)		5.7. - 2		
		Σ 12 Ex (1981)		

Die Zusammenstellung von Fangergebnissen mit Lichtfallen erfolgt in der Artenkartei. Die Karteikarte oben zeigt eine Auflistung der Fänge des Mittleren Weinschwärmers aus dem Zeitraum von 1979 bis 1983. Bei einer genügenden Zahl von Fangjahren ergibt sich daraus das Muster der Flugzeit der Art.

Die Datenfülle läßt sich nur mit entsprechenden Karteien oder – am besten – mit modernen Datenverarbeitungsanlagen meistern. Der Verfasser benutzt seit 15 Jahren eine Doppelkartei für die Registrierung der Lichtfangergebnisse.

- Die Tagesfangkartei enthält das Ergebnis der jeweiligen Fangnacht. Ihre Bilanz sagt aus, wieviele Schmetterlinge in dieser Nacht in wieviel Arten gefangen worden sind. Die Arten werden nach den verwandtschaftlichen Hauptgruppen zusammengefaßt, damit sie später leichter zu überschauen sind. Also alle Schwärmer, Bären, Spinner, Eulen, Spanner und Kleinschmetterlinge kommen in eigene Abschnitte der Karteikarte(n).
- Die zweite Kartei wird als Artenkartei geführt. Jede Art bekommt die Eintragung, in welcher Fangnacht sie in wievielen Exemplaren an der betreffenden Fangstelle in der Lichtfalle war.

Tagesfang- und Artenkartei ergänzen sich daher und ermöglichen auch für diejenigen, die keinen Zugang zu modernen elektronischen Datenverarbeitungssystemen besitzen, die rasche Orientierung über die Fangergebnisse.

Auf der Fangnachtkarte wird natürlich auch das Wetter vermerkt (Lufttemperatur zu Beginn des Fanges, Windstärke, Bewölkung, eventuell Mond oder Niederschlag). Warme, windstille, dunkle Nächte mit leichtem Nieselregen bringen die besten Resultate. Warme aber trockene und leicht windige Nächte fallen viel schwächer aus. Für die meisten Arten mit Ausnahme der Frostspanner bilden Lufttemperaturen unter 10 °C die Aktivitätsgrenze. Sie stellen die Flugaktivität ein. Man kann daher durchaus schon am Abend abschätzen, ob es eine gute Fangnacht geben wird oder nicht.

Mit der gleichen Lichtfalle am gleichen Ort über Jahre hinweg betriebene Fänge ergeben die verläßlichsten Werte über die Bestandsentwicklung heimischer Schmetterlinge. Sie sollten stärker als bisher genutzt werden. Gerade die Amateure könnten hier ganz wesentliche Ergebnisse beisteuern, wenn sich ein lockeres Netz regelmäßiger Fangstellen »knüpfen« ließe.

Der Mittlere Weinschwärmer *(Pergesa elpenor)* gehört zu den häufigeren und weit verbreiteten Schwärmern in Mitteleuropa. Er fliegt nur nachts.

Schmetterlinge fotografieren

Es wurde bereits erläutert, daß das Fangen und Töten von Schmetterlingen für eine private Sammlung nicht mehr so ohne weiteres zu verantworten ist und aus der Sicht des Naturschutzes nicht gebilligt werden kann (vgl. S. 166f.). Abgesehen davon wirkt so eine »Mumienschau« nicht sehr lebendig. Gerade dies ist aber doch das Kennzeichen der Natur.

Ganz andere Wege können wir mit Hilfe der Fotografie beschreiten. Ein gutes Dia von einem blütenbesuchenden Falter in Aktion zeigt Leben und Natürlichkeit im wahrsten Sinne des Wortes, und darüber hinaus vermittelt es auch einen Eindruck von der Umgebung, gibt einen Ausschnitt aus dem Lebensraum wieder.

Die Beweggründe für das Fotografieren von Schmetterlingen können recht verschieden sein; demzufolge gibt es verschiedene »Arbeitsgebiete«. So spricht sicher nichts dagegen, eine gewisse Sammelleidenschaft mit der Kamera zu befriedigen. Man kann z. B. versuchen, die häufigsten bzw. bekanntesten Arten zu »sammeln«, oder – später, mit mehr Erfahrung – bestimmte systematische Gruppen, oder die Arten eines festgelegten Gebietes. Wenn man dabei auch noch unterschiedliche Formen und Färbungen berücksichtigt, z. B. Männchen und Weibchen, und einige Ansprüche an die Qualität der eigenen Bilder stellt, dann ist man auf Jahre hinaus gut beschäftigt. Dies gilt in verstärktem Maße für die – biologisch und fototechnisch – schwierigeren Betätigungsfelder. Dazu gehören Verhalten und Entwicklung der Schmetterlinge: Ruhehaltung, Sonnenbad, Blütenbesuch, Paarung, Eiablage, Raupen in mehreren Stadien, Verpuppung, Schlüpfvorgang und anderes mehr. Motive in Hülle und Fülle!

Vieles von dem wurde natürlich bereits fotografiert – und von professionell arbeitenden Fotografen besser, als man es vielleicht je selber können wird. Diese Tatsache sollte jedoch auf keinen Fall entmutigen, sondern Ansporn zur eigenen Leistung sein.

Vor den Preis haben die Götter aber bekanntlich den Schweiß gesetzt. Viel Erfahrung, aber auch einiges an Zeit und unter Umständen auch an Geld sind notwendig, um zu wirklich guten Bildern zu kommen. Selbstverständlich spielt auch die richtige Ausrüstung eine nicht unwesentliche Rolle, und diesem etwas schwierigen Kapitel wollen wir uns jetzt zuwenden.

Die richtige Ausrüstung

Die rasante Entwicklung von Foto-Industrie und -technik der letzten

Jahre macht es unmöglich, im Rahmen nur eines Kapitels eines Buches einen repräsentativen Überblick über Kamera- und Zubehörsysteme und deren Anwendung zu geben. Das ist aber auch gar nicht nötig; denn mit welchem System man arbeitet, ist eine Frage des persönlichen Geschmacks, der Gewohnheit und nicht zuletzt des Geldbeutels. »Die« richtige Ausrüstung kann es also von vornherein nicht geben; sie kann sich bestenfalls durch persönliche Erfahrung herauskristallisieren. Wir wollen uns deshalb hier auf die grundsätzlichen Dinge beschränken, die vor der Anschaffung einer Kamera bzw. des notwendigen Zubehörs erwogen sein wollen.

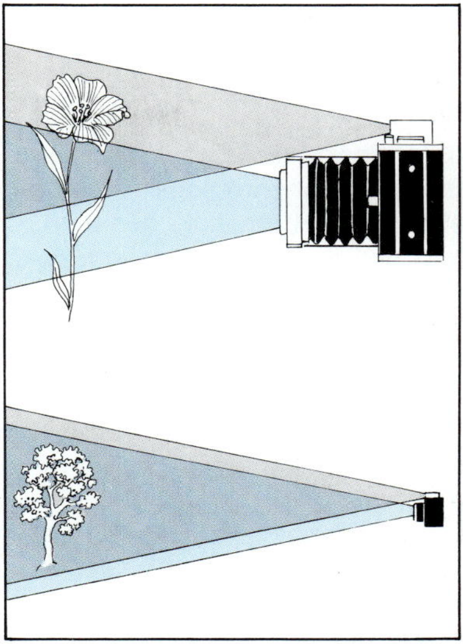

Auswirkung der Sucherparallaxe Die Sucherparallaxe hat bei Nahaufnahmen erhebliche Unterschiede zwischen gesehenem und fotografiertem Bildfeld zur Folge (oben). Dies führt häufig zu »falschen« Bildausschnitten. Bei großen Aufnahmeentfernungen wirkt sie sich hingegen nicht aus (unten).

Voraussetzung: Spiegelreflex

Mancher Schüler mit begrenzten finanziellen Möglichkeiten wird diese Überschrift nicht sehr gerne lesen. Aber man muß es so deutlich formulieren; denn mit einer gewöhnlichen Sucherkamera ist unser Vorhaben letztendes zum Scheitern verurteilt. 2 Gründe sind hierfür maßgebend:

1. Das Bildfeld, das unser Auge durch den Sucher sieht, ist nicht identisch mit dem, das vom Objektiv »gesehen« wird.

Diese Abweichung, die dem Abstand zwischen Objektiv und Sucher entspricht und als Sucherparallaxe bezeichnet wird, spielt bei größeren Aufnahmeentfernungen keine Rolle, wirkt sich im Nahbereich hingegen recht unangenehm aus. Die Zeichnung verdeutlicht das.

2. Sucherkameras besitzen in der Regel keinen eingebauten Entfernungsmesser, jedenfalls keinen, mit dem man auch im Nahbereich arbeiten könnte.

Schmetterlinge fotografieren

Bliebe als Hilfsmittel nur das Zentimetermaß, um während der Aufnahme den richtigen Abstand zu markieren. Ein untaugliches Mittel; denn einerseits haben wir nur zwei Hände und andererseits wären unsere Fotomodelle wohl wenig erbaut von dem Gefuchtel direkt vor ihrem Kopf.
Beide Probleme bestehen bei Spiegelreflexkameras nicht. Darüber hinaus bieten sie durchweg die Möglichkeit zum Objektivwechsel und weisen heute die Vorzüge moderner Belichtungsmessung bzw. sogar automatischer Belichtungssteuerung auf. Aber davon später.

Das Objektiv
Wer eine Kamera kauft, erhält normalerweise das Gehäuse zusammen mit dem sogenannten Normalobjektiv. Seine Brennweite beträgt bei Kameras im gängigen Kleinbildformat (24 × 36 mm) 50 mm oder auch ein paar Millimeter mehr. Betrachtet man nun am Objektiv den Einstellring für die Entfernung, so wird man feststellen, daß die eingravierten Zahlen im Nahbereich bei etwa 0,5 oder 0,45 m enden. Bei dieser Entfernung beträgt der Abbildungsmaßstab etwa 1 : 10, was bedeutet, daß ein normalgroßer Tagfalter auf dem Film bestenfalls 5 mm spannen würde. Wir müssen also näher ran ans Motiv; optimal ist – je nach Größe des Schmetterlings – ein Abbildungsmaßstab von 1 : 3 bis 1 : 2. Um in diesen Bereich vordringen zu können, benötigt man spezielles Zubehör. 4 Möglichkeiten bieten sich an.

Vorsatzlinsen
Dies ist der einfachste und wohl auch preiswerteste Weg. Vorsatzlinsen werden in verschiedenen Stärken angeboten und sind miteinander kombinierbar. Ihr besonderer Vorteil liegt darin, daß – im Gegensatz zu den beiden nachstehend genannten Alternativen – kein Lichtverlust auftritt. Dennoch darf nicht übersehen werden, daß Kameraobjektive immer nur für sich selbst vom Hersteller auf Abbildungsfehler hin korrigiert sind und das nicht im Hinblick auf ein Zusammenwirken mit weiteren Linsen sein können. Das Ergebnis kann jedoch trotzdem zufriedenstellend sein, besonders wenn hochwertige, sogenannte achromatische Vorsatzlinsen verwendet werden.

Zwischenringe
Aus der Bezeichnung wird bereits ihre Anwendung deutlich: man setzt sie zwischen Objektiv und Kameragehäuse. Anders als bei Vorsatzlinsen beruht ihre Wirkungsweise nicht auf einer Brennweitenveränderung, sondern auf einer Verlängerung des Objektivauszugs. Mit dieser Auszugsverlängerung ist al-

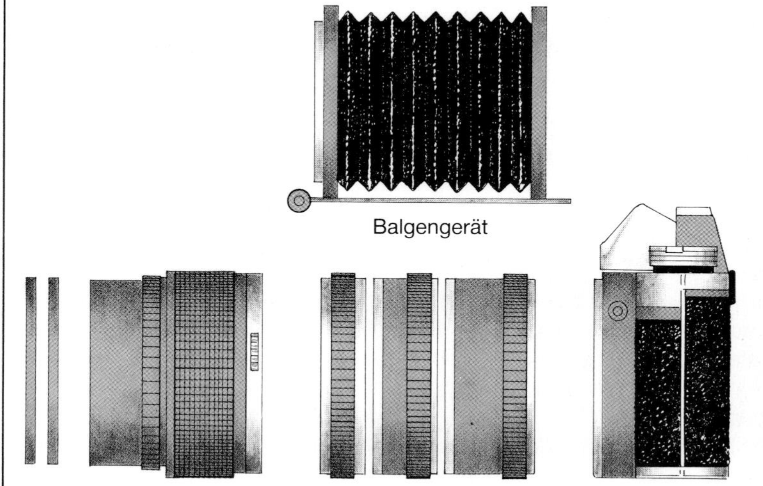

Verschiedene Möglichkeiten zur Ausrüstung einer Spiegelreflexkamera für den Nahbereich.

lerdings ein Lichtverlust verbunden, der um so größer wird, je mehr der Abstand zwischen Objektiv und Kameragehäuse beträgt. Daß dies kein Nachteil sein muß, steht auf S. 84. Zwischenringe werden meist im Satz angeboten; dieser besteht aus 3 verschieden langen Ringen, die beliebig kombinierbar sind und in Verbindung mit einem Normalobjektiv einen Abbildungsmaßstab von maximal etwa 1 : 1 ermöglichen. Heute erhält man im Handel fast nur noch die sogenannten Automatik-Zwischenringe. Sie sind nicht ganz billig, gewährleisten aber die einwandfreie Übertragung der automatischen Kamerafunktionen auf das Objektiv und umgekehrt.

Balgengeräte

Auch sie werden zwischen Kameragehäuse und Objektiv gesetzt, stellen also eine Auszugsverlängerung dar. Im Gegensatz zu Zwischenringen entfällt jedoch hier das (manchmal lästige) Wechseln oder Neukombinieren; der Auszug wird mittels einer Drehschraube kontinuierlich verändert und damit auch der Abbildungsmaßstab. Die meisten Balgengeräte ermöglichen recht ansehnliche Auszüge und man erreicht so Abbildungsmaßstäbe von über 1:1. Die fotografierten Objekte werden dann bereits auf dem Film vergrößert wiedergegeben; hier beginnt der Bereich der echten Makrofotografie. Auch bei Balgengeräten setzt sich inzwischen die Automatik durch, und sie sind diesbezüglich gegenüber den entsprechenden Zwischenringen nicht mehr im Nachteil. Allerdings muß man finanziell ein bißchen mehr investieren. Balgengeräte bieten optimale Nutzungsmöglichkeiten; der variable Abbildungsmaßstab muß jedoch kein Vorteil sein und kann im Hinblick auf die richtige Belichtung sogar Probleme bereiten (s. S. 83).

Makro-Objektive

Sie tragen ihren Namen eigentlich zu Unrecht; denn den Bereich der echten Makrofotografie erschließen sie nicht, wohl aber den Nahbereich. Mit diesen Objektiven kann man ganz »normale« Aufnahmen machen, da ihre Entfernungseinstellung wie bei anderen Objektiven auch bis Unendlich (∞) reicht. Eine besonders lange Einstellschnecke erlaubt aber auf der anderen Seite einen Abbildungsmaßstab von bis zu etwa 1:3 oder 1:2. Die Auszugsverlängerung ist also gewissermaßen ins Objektiv eingebaut. Makro-Objektive gibt es in verschiedenen Brennweiten (bis zum kurzen Tele, s. u.) und sie werden von vielen gerne verwendet, zumal man weiteres Zubehör spart. Einen Schönheitsfehler haben sie allerdings, nämlich die – unabhängig vom Auszug – geringere Lichtstärke im Vergleich zu gewöhnlichen Objektiven gleicher Brennweite. Das muß für den Amateur aber kein Nachteil sein. Wer bereits ein Normalobjektiv und vielleicht auch andere Objektive besitzt, wird dennoch – schon aus Kostengründen – keine zusätzlichen Makro-Objektive kaufen, sondern unter den anderen genannten Möglichkeiten wählen.

Das »kurze« Tele

Tele-Objektive sind Objektive langer Brennweite; sie »holen Entferntes heran«, ähnlich wie ein Fernglas. Für die Fotografie im Nahbereich sind sie jedoch gänzlich ungeeignet. Das sogenannte »135er« (135 mm Brennweite) ist eigentlich noch zu kurz, um als echtes Tele gelten zu können. Aber für unsere Zwecke verbindet es gerade deshalb 2 Vorzüge: Es erlaubt einen größeren Arbeitsabstand und ermöglicht dennoch den für uns notwendigen Abbildungsmaßstab. Beim Fotografieren von Raupen,

Beispiel für Weiterentwicklung der Aufnahmetechnik (Distelfalter) Oben links: Vorsatzlinsen, Arbeitsabstand nur 20 cm; dennoch relativ kleine Wiedergabe des Objekts. Oben rechts: Kurzes Tele und Zwischenringe bei ca. 45 cm Entfernung; Blitzgerät. Unten: Wie zuvor, jedoch Blitzgerät mit 2 Lampenstäben (s. S. 84); auch lebendigeres Bild durch andere Perspektive.

Puppen etc. spielt der Arbeitsabstand – abgesehen von eventuellen Beleuchtungsproblemen (s. S. 81) – keine große Rolle; bei der Foto-Pirsch auf fliegende Falter wird man es jedoch bald zu schätzen wissen, daß man den Tieren nun nicht mehr bis auf 15 cm auf den Leib rücken muß (Normalobjektiv), sondern bereits aus der dreifachen Entfernung »abdrücken« kann. Selbstverständlich muß auch beim 135er eine Auszugsverlängerung erfolgen. Diese macht allerdings bezüglich der Belichtung weder größere noch kleinere Schwierigkeiten als beim Normalobjektiv. Wird Blitzlicht eingesetzt, so bringt der größere Arbeitsabstand in der Regel weitere Vorteile (s. S. 85). Wer es also ermöglichen kann, sollte seine Ausrüstung sehr bald um ein kurzes Tele bereichern.

Spezial-Objektive

Es gibt spezielle Objektive und weitere Hilfsmittel, um im Nah- und Makrobereich besondere Aufgabenstellungen lösen und schwierige Probleme meistern zu können. Hier würde es zu weit führen, auch dieses Zubehör noch anzusprechen, zumal das nur für den fortgeschrittenen Praktiker von Interesse ist. Als solcher aber besitzt man genügend Erfahrung für die selbständige Bewertung der verschiedenen Angebote.

Licht und Belichtung

Das größte Problem der Fotografie im Nahbereich ist der chronische Lichtmangel – zum einen, weil nur noch ein kleiner Ausschnitt abgebildet wird (der zudem noch im Schatten liegen kann), zum andern, weil wir mit der nun schon oft genannten Auszugsverlängerung leben müssen, die Licht schluckt. Leider versagt auch noch die herkömmliche Lichtmessung mit einem Handbelichtungsmesser oder einem über dem Objektiv der Kamera eingebauten Belichtungsmesser, da beide die besonderen Faktoren nicht berücksichtigen können. Die richtigen (oder besser: oft ungenauen) Werte erhalten wir in diesem Fall nur durch eine umständliche Rechnerei. Moderne Spiegelreflexkameras hingegen geben korrekte Werte; denn sie arbeiten mit der sogenannten Innenmessung, d. h. sie messen das tatsächlich durch das Objektiv fallende bzw. dann auf den Film gelangende Licht.

Dennoch: am Grundproblem ändert auch die exakte Messung nichts, das Licht wird dadurch nicht mehr! Bei unserem bevorzugten Abbildungsmaßstab (s. S. 74) kommen wir selbst bei scheinbar hellem Tageslicht kaum über Blende 5,6 bei 1/60 Sek. hinaus. Das aber reicht nicht. Die Belichtungszeit

Da die Kamera in den seltensten Fällen genau parallel zum Objekt ausgerichtet werden kann, »schneidet« die Schärfenebene das Objekt: Bei geringer Schärfentiefe (schmale Zone) werden daher Vorder- und Hinterende unscharf, bei größerer Schärfentiefe (breite Zone) dagegen der ganze Schmetterling scharf wiedergegeben.

wäre zu lang, weil der Schmetterling sich plötzlich bewegen kann, und die Blende ergäbe eine zu geringe Schärfentiefe (nur etwa 3 mm). So wenig Schärfentiefe reicht aber bestenfalls dann aus, wenn der Falter in Ruhehaltung verweilt und die Kamera genau parallel zu ihm ausgerichtet ist (siehe Zeichnung). Derartige Aufnahmen wird man vielleicht ab und zu riskieren, wenn man das Motiv stimmungsbetont oder unter künstlerischem Aspekt wiedergeben will. Vorwiegend werden unsere Aufnahmen jedoch dokumentarischen Wert haben sollen, und da benötigen wir mindestens eine Belichtungszeit von 1/125 Sek. sowie Blende 16. Besser noch ist Blende 22; da beträgt die Schärfentiefe immerhin ungefähr 12 mm.

Nun gibt es seit geraumer Zeit auch für die Farbfotografie höherempfindliche Filme. Aber auch sie helfen uns nicht wirklich weiter; denn ihr Vorsprung gegenüber den »normal« empfindlichen Filmen mit 18° oder 19° DIN (50 oder 64 ASA) beträgt maximal 3 Stufen. Das bedeutet für unser oben genanntes Beispiel: weiter als bis zu den Kombinationen Blende 16 bei 1/60 Sek. oder Blende 11 bei 1/125 Sek. kommen wir auch jetzt nicht. Außerdem werden wir meist den Standardfilm

Schmetterlinge fotografieren

Bei der Tageslicht-Aufnahme mit geringer Schärfentiefe erscheinen fast nur die in einer Ebene liegenden Flügel der sich paarenden Wachtelweizen-Scheckenfalter scharf (Abb. oben). Das Blitzlicht sorgt bei dem Schwalbenschwanz (Abb. unten) für mehr Schärfentiefe, kann aber unter Umständen auch störende Hintergrundteile stärker hervorheben.

wegen seiner besseren Schärfenleistung vorziehen.
Die Zeiten, in denen man sich mit dem Tageslicht begnügen mußte, sind jedoch erfreulicherweise vorbei, und deshalb befreit uns aus unseren Lichtnöten das Blitzgerät.

Ein Blitzgerät

Gemeint ist natürlich ein Elektronen-Blitzgerät, das den Vorteil hat, durch einen Akku (wiederaufladbar) oder Batterien immer genügend Lichtvorrat zu besitzen. So haben wir gewissermaßen die Sonne in der Tasche. Eine Vielzahl von Modellen unterschiedlicher Preiskategorien wird heute angeboten, so daß auch hier die Auswahl nicht ganz leicht fällt. Letztlich wird wieder der eigene Geldbeutel den Ausschlag geben. Auf 2 Punkte sollten wir aber achten:

1. Die Leistung des Gerätes (angegeben in der sogenannten Leitzahl) darf nicht zu schwach sein.
2. Die automatische Lichtdosierung des Blitzgerätes (der sogenannte Computer, mit dem heute wohl alle Modelle arbeiten) muß abschaltbar sein.

Gleich eine Erläuterung zu Punkt 2: Das Meßauge des Blitzgerätes erfaßt mehr als den fotografierten Ausschnitt und weiß zudem die Auszugsverlängerung nicht zu berücksichtigen. Die Computer-Steuerung würde deshalb zu Fehlbelichtungen führen. Eine Ausnahme machen hier lediglich die Blitzgeräte für die neuesten System-Kameras, deren Innenmessung auch auf Blitzlicht reagiert und über eine Kopplung der Geräte dessen Leuchtdauer richtig dosiert. Wir wollen im folgenden jedoch vom »Normalfall« ausgehen.
Das Blitzgerät wird an der Kamera angebracht. Meistens ist dafür ein Aufsteckschuh vorgesehen, so daß der Blitz dann oben über der Mitte der Kamera sitzt. Da diese Beleuchtungsart aber recht »flache« Bilder ergeben kann, befestigen wir den Blitz besser mittels einer Schiene (im Handel erhältlich) seitlich an der Kamera. Am günstigsten ist eine Position, aus der das Licht von links und etwas von oben auf das Objekt fällt. Diese Beleuchtungsrichtung wird auf dem Bild am natürlichsten empfunden.
Beide Befestigungsarten für das Blitzgerät machen bei sehr kurzen Arbeitsabständen Schwierigkeiten. Die Beleuchtung liegt dann in einem ungünstigen Winkel zur optischen Achse. Die Folge ist eine ungenügende oder ungleichmäßige Ausleuchtung des Motivs. Um dem abzuhelfen, können wir uns einen Befestigungsring kaufen, mit Hilfe dessen das Blitzgerät am Objektiv angebracht wird. Die andere Alternative ist das kurze Tele (s. S. 76), das für einen größeren Arbeitsab-

Schmetterlinge fotografieren

Der Lichtabfall (s. S. 84) kann zu unschönen »Nachtaufnahmen« führen (oben, Perlmutterfalter). Natürlicher wirken Bilder mit hellerem Hintergrund (unten, Kaisermantel).

stand sorgt und derartige Probleme weitgehend beseitigt.
Bliebe »nur« noch die Frage nach der richtigen Belichtung, und sie wird durch Testaufnahmen beantwortet. Als Testobjekt wählen wir beispielsweise eine Pflanze mit größeren Blüten, deren Farben im mittleren Helligkeitsbereich liegen sollten (keine weißen oder dunkelblauen Blüten u. ä.). Nun legen wir die Abbildungsmaßstäbe bzw. Bildfeldgrößen fest, mit denen wir später arbeiten wollen und suchen dazu die entsprechenden Kombinationen unserer Zwischenringe. Für jede dieser Kombinationen werden nun mehrere Testaufnahmen gemacht in Form einer sogenannten Belichtungsreihe. Wir beginnen jeweils ungefähr mit Blende 11 und enden bei Blende 22; sollte das Objektiv Blende 32 noch ermöglichen, so gehen wir bis zu diesem Wert. Ebenso wie die ganzen Blendenstufen werden auch die Zwischenwerte mit berücksichtigt. Pro Zwischenring-Kombination kommt man somit auf ca. 5–7 Testbelichtungen. Das ganze Unterfangen kostet also 1 Film oder auch mehr. Die Devise heißt hier aber, keinesfalls am Filmmaterial zu sparen. Je detaillierter der Test durchgeführt wird, um so besser das Ergebnis.
Der belichtete Film wird ausgewertet; die gefundenen richtigen Daten

trägt man in Form einer kleinen Tabelle auf, die dann – am besten geschützt durch eine Klarsichthülle – zum ständigen Begleiter für jede Foto-Exkursion wird. Daß man dabei dennoch manchmal vom ausgetesteten Wert abweichen muß, liegt an den Motiven: Bei besonders hellen Objekten (Kohlweißling) empfiehlt es sich, die Blende gegenüber dem Testwert etwas weiter zu schließen; bei besonders dunklen Objekten (Tagpfauenauge mit geschlossenen Flügeln) wird die Blende weiter geöffnet.

Analog dazu wird auch bei Verwendung eines Balgengerätes getestet. Nun kann uns allerdings die kontinuierliche Auszugsverlängerung in eine Zwickmühle bringen; denn es ist unmöglich, alle nur denkbaren »Schritte« des Balgens durchzutesten. Es bleibt also nichts anderes übrig, als auch hier gewisse Stufen festzulegen und für diese eine Belichtungsreihe anzufertigen. All das, was zwischen diesen Stufen liegt und demnach nicht getestet wird, muß später in der Praxis durch Schätzen entschieden werden. Mit

Das Abnehmen des Lichts mit wachsender Entfernung (der sogenannte Lichtabfall, s. S. 84) macht sich besonders dann störend bemerkbar, wenn die Entfernung zwischen Lichtquelle und Objekt (a_2) deutlich kleiner ist als zwischen Objekt und Hintergrund (b). Günstiger ist ein größerer Abstand der Lichtquelle (a_1), z. B. bei Verwendung des kurzen Tele.

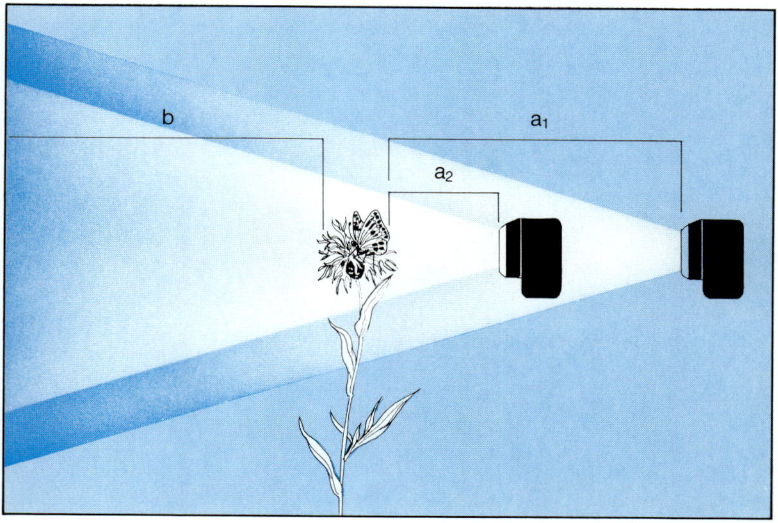

ein wenig Erfahrung ist dies aber kein Problem; wir werden anhand unserer Testaufnahmen ohnehin feststellen, daß die Blendenwerte zu den für uns relevanten Abbildungsmaßstäben recht eng beieinander liegen. Der Grund dafür ist hauptsächlich darin zu sehen, daß der wachsende Auszug bei kürzeren Abständen durch ein Näherkommen des Blitzgerätes ausgeglichen wird. Die Tatsache, daß unsere Blitzmethode zu einwandfrei belichteten Aufnahmen führt, läßt uns auch die zunächst unangenehme Erfahrung vergessen, daß eine Auszugsverlängerung eine ganze Menge Licht schluckt.

Zwei Blitzgeräte

Wer schon weiter fortgeschritten ist, wird des öfteren Situationen erlebt haben, in denen die Verwendung nur einer Lichtquelle zu keinem optimalen Resultat führt. So können zum Beispiel irgendwelche Pflanzenteile aber auch der Schmetterling selbst störende Schlagschatten verursachen. Außerdem kann – bei größerer Entfernung des Hintergrundes – der sogenannte Lichtabfall unschöne

Verwendung von 2 Blitzleuchten (Draufsicht) wie im Text S. 85 beschrieben.

»Nachtaufnahmen« bewirken (siehe Zeichnung). Beide Schwachpunkte können wir mit Hilfe einer zweiten Lichtquelle beseitigen (den Lichtabfall zumindest weitgehend). Man verwendet dazu bei den kleinen Kompaktblitzern 2 Geräte, die gekoppelt werden; bei den Modellen der gehobenen Klasse ist der Generatorteil ohnehin vom Lampenstab getrennt und ermöglicht den Anschluß weiterer Lampenstäbe.
Die Befestigung der Blitzlampen kann (wie oben) mit Schienen an der Kamera oder mit Ringen am Objektiv erfolgen. Selbstverständlich sind wieder Testaufnahmen erforderlich, um die richtige Belichtung festzustellen.
Zu besonders schön und natürlich ausgeleuchteten Bildern führt die Kombination von kurzem Tele und 2 Blitzlampen (bzw. -geräten). Man befestigt dazu die Lampe I (der Einfachheit halber wollen wir sie so nennen) links von der Kamera, und zwar in einem Winkel von etwa 45°. Die Lampe II wird rechts von der Kamera befestigt, und zwar mit »Blickrichtung« parallel zum Objektiv. Somit ist Lampe I das Hauptlicht; Lampe II mildert die durch den schrägen Lichteinfall von Lampe I entstehenden Schlagschatten und sorgt gleichzeitig für eine Aufhellung des Hintergrundes, der bei Verwendung des kurzen Tele ohnehin schon nicht so stark vom Lichtabfall betroffen ist (siehe Zeichnung).

Ringblitzlampen
Eine andere Möglichkeit, um im Bereich der Nahaufnahme störende Schlagschatten auszuschalten, stellt der Ringblitz dar. Die Leuchtröhre ist dabei – wie der Name sagt – ringförmig und wird vor dem Objektiv angebracht. Kleine Objekte können auf diese Weise schattenfrei ausgeleuchtet werden. Leider liegt die Betonung aber auf »frei«. Dadurch, daß jeglicher Schatten fehlt, wirken die Bilder nicht sehr plastisch und verlieren an Tiefe. Außerdem entstehen auf glatten und gewölbten Oberflächen (z. B. bei Käfern) unschöne ringförmige Reflexe. Der Einsatz des Ringblitzes sollte deshalb speziellen Aufgabengebieten und der echten Makro-Fotografie vorbehalten bleiben.

Die Praxis

Sie wird in dieser Darstellung nur wenig Raum einnehmen; denn erstens sollte sie nicht im Buch, sondern »vor Ort« stattfinden, und zweitens ist vieles von dem bisher Gesagten nicht als reine Theorie von der Praxis abzutrennen. In welchen Gebieten und zu welchen Zeiten Sie Schmetterlinge in ihren verschiedenen Entwicklungsstadien antreffen können, darüber finden Sie auf vielen Seiten des vorliegenden Bandes eine Fülle von Informationen. Welche Motive es gibt, wurde bereits auf S. 72 geschildert; sie sollen im übrigen nur eine Anregung sein und Ihre eigene Fantasie und Findigkeit beflügeln. Und dann ist bei jeder Art von Fotografie nicht die Ausrüstung das Wichtigste, sondern immer noch der Mensch hinter der Kamera. Gute Naturfotos schließlich macht nur der, der umfangreiche Kenntnisse der biologischen Fakten und Zusammenhänge besitzt. Trotzdem noch einige Hinweise:

- Die Scharfeinstellung wird im Bereich der Nahfotografie zweckmäßigerweise nicht durch Drehen am entsprechenden Ring des Objektivs vorgenommen. Wählen Sie durch Kombination der richtigen Zwischenringe bzw. durch den Balgenauszug den gewünschten Abbildungsmaßstab, also die angestrebte Bildfeldgröße, und gehen Sie nun langsam an das Objekt heran, bis es scharf erscheint. Diese Methode werden Sie bald im Griff haben.
- Nähern Sie sich Ihren »Fotomodellen« sehr behutsam und ohne hastige Bewegungen. Sie werden erstaunt sein, wie nahe manche Schmetterlinge Sie dann heranlassen. Achten Sie dabei auf Ihren eigenen Körperschatten, der manchen Falter zum raschen Abflug veranlassen könnte.
- Vermeiden Sie es, irgendwelche Pflanzen oder ähnliches zu streifen, deren Erschütterung sich dann auf den Sitzplatz des Schmetterlings übertragen könnte, was ebenfalls dessen Flucht zur Folge hätte.

Schwalbenschwanz-Paarung auf einer Weizenähre. Kein alltägliches Motiv!

Schmetterlinge fotografieren

Dieser Bläuling wurde beim Blütenbesuch zur Beute einer Krabbenspinne. Derartige Aufnahmen erfordern aufmerksames Beobachten, gute Naturkenntnis und auch eine Portion Glück.

- Nehmen Sie Rücksicht auf die Vegetation. Trampeln Sie nicht den ganzen Bewuchs nieder, nur um an das Objekt zu kommen. Warten Sie, bis der Schmetterling eine freie, besser zugängliche Stelle aufsucht.

Und noch etwas: Ihre Aufnahmen sollten, wenn immer möglich, in der freien Natur entstehen. Kein Schmetterling liebt es, eingefangen und zu Hause im Wohnzimmer so lange malträtiert zu werden, bis er sich endlich auf dem Blumenstrauß in der Vase niederläßt. Derartige Bilder sind keine Natur-Dokumente! Anders verhält es sich mit Aufnahmen von der Entwicklung. Raupen brauchen keinen großen Lebensraum; man kann sie im Zuchtkasten durchaus artgemäß und biologisch richtig halten (vgl. S. 88 ff.). Nur hier findet also die Veranstaltung im Saale, sprich die Fotografie im Zimmer statt. Man hätte auch draußen kaum eine Chance.

Zucht und Haltung

Wie man Schmetterlinge züchtet

Seit langem werden Schmetterlinge gezüchtet. Meist geschieht dies deswegen, weil im Freiland gefangene Tiere oft mehr oder minder deutliche Beschädigungen der Flügel aufweisen. Für die Sammlungen sollen die Falter aber »schön« und möglichst unbeschädigt sein. Aus Zuchten frisch geschlüpfte sind makellos.
Mit dem Seltenerwerden der Schmetterlinge rückt aber ein anderer Aspekt des Züchtens immer mehr in den Vordergrund: die Aufstockung der natürlichen Bestände durch nachgezüchtete Individuen. Sie haben den Vorteil, daß sie wohl ernährt und in guter Kondition bei günstigen Bedingungen freigelassen werden können. Trägt man kleine Raupen (Anfangsstadien) zur Zucht ein, so läßt sich das Ausmaß der Verluste durch Parasiten erheblich vermindern. Normalerweise bilden die Parasiten die Hauptverluste bei Raupen und Puppen. Man wird daher bei Zuchten immer wieder feststellen müssen, daß anstelle der erwarteten Falter kleine Schlupf- oder Brackwespen die Puppenhüllen verlassen.
Erfahrungen mit dem Züchten von Schmetterlingen sammelt man am besten mit Raupen von Kohlweißlingen, die man im Garten an Kohl oder anderen Kreuzblütlern findet, oder von Pfauenaugen und Kleinen Füchsen, deren Raupen an Brennesseln leben. Es empfiehlt sich für den Anfang mit größeren Raupen zu beginnen.
Man sammelt sie von den Futterpflanzen vorsichtig ab oder bringt sie gleich mitsamt der Futterpflanze in einen geräumigen Käfig (vgl. Abb. S. 89), welcher allseitig vergittert ist und an der Vorderseite eine Glasscheibe trägt. Der Boden wird mit saugfähigem Papier ausgelegt.

Leicht irritiert senkt die auffällig gefärbte Raupe des Ligusterschwärmers *(Sphinx ligustri)* den Kopf.

Anlage und Ausstattung eines Raupenzuchtkäfigs. Die Käfige können ohne (links) oder mit Gitterrost (rechts) versehen sein, durch den der Kot in eine darunter befindliche Schale fällt.

Die Futterpflanze stellt man so in ein Glasgefäß, daß die Raupen nicht ins Wasser kriechen oder fallen können und daß ihr Kot ebenfalls nicht hineinfällt. Eine Abdeckung mit einer Plastik- oder Kartonmanschette bringt diese Absicherung. Die Raupen werden bald weiterfressen.

Der Käfig muß genügend Raum für die Raupen bieten. Es gibt im Fachhandel verschiedene Ausführungen, die sich alle mehr oder minder gut für den angestrebten Zweck einer optimalen Versorgung der Raupen eignen. Man kann solche Raupenzuchtkäfige natürlich auch selbst bauen. Dabei ist zu beachten, daß die Gaze so fein sein muß, daß sie parasitischen Schlupf- und Brackwespen keinen Zutritt ermöglicht. Denn diese Parasiten verstehen es ausgezeichnet, Raupen zu finden, selbst wenn sie in zumeist geschlossenen Räumen untergebracht sind. Eine Seite des Käfigs sollte daher wenigstens eine Glasscheibe besitzen, damit man ungehindert beobachten kann, was im Zuchtkäfig passiert.

Zucht und Haltung

Bewährte Konstruktionen tragen am Boden eine flache Wanne, die nach oben hin durch ein grobes Gitter vom Raupenraum abgetrennt ist. Pflanzenstengel lassen sich durch dieses Gitter schieben und in die mit Wasser gefüllte Wanne bringen. Auch der Raupenkot fällt dann hindurch und läßt sich mit der Erneuerung des Wassers bequem entfernen. Jedoch hat diese Anlage auch ihre Nachteile: die Frequenz der Kotabgabe (s. u.) läßt sich damit nur schwer bestimmen, die Luftfeuchtigkeit kann durch das offene Wasser und die Wasserabgabe der Pflanzen zu hoch werden und die Raupen können sich nicht im gleichen Käfig verpuppen (es sei denn, sie führen die Verpuppung an der Futterpflanze aus).

Für den Anfang einfacher und ohne große Vorbereitungen möglich ist die Zucht an den Futterpflanzen, die man dazu eintopft und wie Blumen ans Fensterbrett stellt. Sind Brennesseln die Futterpflanzen (Admiral, Kleiner Fuchs, Tagpfauenauge, Landkärtchen u. a.), so wird man sich zwar zunächst über die »Brennesselzucht« am Fenster wundern, aber dafür das Verhalten der Raupen aus nächster Nähe und ohne Hindernisse studieren können. Da viele Raupen Futterpflanzen sehr streng auswählen, braucht man sich keine Sorge zu machen, daß sie auf Zimmerpflanzen übergreifen könnten. Nur wenige Arten verhalten sich wirklich »polyphag«, d. h. sie fressen alles, was ihnen vorgesetzt wird oder in die Quere kommt.

Dicht beisammen hängen die Puppen des Kleinen Fuchses *(Aglais urticae)* an ihrer Futterpflanze, der Brennessel.

Ob sich die Raupen wohl fühlen, läßt sich an ihrem Freßeifer ablesen. Paßt ihnen die neue Umgebung, so werden sie rasch zur Nahrungsaufnahme übergehen, heranwachsen und die Entwicklung durchlaufen.

Die Frequenz der Kotabgabe (= Anzahl der Kotballen pro Tag) dient uns als Maß für die Verpup-

pungsbereitschaft oder als Hinweis für die bevorstehende neue Häutung. Der eigentlichen Häutung ist, das zeigt sich dabei, eine Vorphase mit verminderter Nahrungsaufnahme und eine Nachphase mit zögerndem Fraßbeginn zuzuordnen. Versuchen Sie, diese Phasen und ihre Zeitdauern bei Kohlweißlingen, Tagpfauenaugen oder Kleinen Füchsen zu bestimmen!
Vor den Häutungen ruhen die Raupen, denn jetzt wird die neue Haut unter der alten gebildet. Danach müssen sie sich strecken, um die rasch härtende Hülle auf die erweiterte Größe zu bringen. Die eigentliche Häutung verläuft ziemlich schnell. Man sieht, wie die alte Haut am Vorderrücken platzt und die Raupe regelrecht herauskriecht – von der neuen noch viel zu weiten Haut umgeben. Sie streckt sich. Die Borsten oder Auswüchse, die verschiedene Raupen tragen, erstarren und die Farben treten nun frisch und kräftig in Erscheinung. In den Häutungsphasen sind die Raupen besonders empfindlich und sollten möglichst nicht gestört werden. Den Futterwechsel verschiebt man so lange, bis die Raupe den Eindruck macht, mit der Häutung fertig zu sein.
Hat die Raupe das letzte Stadium bereits erreicht, so steht die Häutung zur Puppe bevor. Wiederum erkennt man an der verminderten Nahrungsaufnahme, daß sich die Raupe darauf vorbereitet. Jetzt ändern viele Raupen ihr Verhalten. Sie versuchen davonzukriechen. Sie machen das, weil sie einen geeigneten Platz für die Verpuppung suchen. Die wenigsten Raupen tun dies nämlich unmittelbar an der Futterpflanze. Die meisten verlassen sie und wandern oft viele Meter weit, bis sie eine geeignete Stelle gefunden haben. Beim Kohlweißling sind dies Zaunpfosten oder Hauswände. Dort findet man dann zu den entsprechenden Zeiten plötzlich die Raupen, wie sie suchend umherkriechen und ihre Unterlage zu überprüfen scheinen. Auch hinter Fensterläden oder in Spalten von Holzzäunen zwängen sie sich hinein. Besonders träge, langsam umhersuchende Raupen werden allerdings mit einiger Wahrscheinlichkeit keinen Schmetterling ausfliegen lassen, sondern kleine parasitische Wespen. Die Schlupfwespe *Apanteles glomeratus* hatte die Raupen mit ihren Eiern belegt. Ihre kleinen Larven entwickelten sich im Fettgewebe der Raupen und machten sogar die Häutungen unbeschadet mit. Sie ernährten sich nicht von lebenswichtigen Organen der Raupe und töteten sie daher nicht vorzeitig. Erst wenn sich diese verpuppt, ist auch ihre Zeit gekommen. Sie verlassen die Raupe an allen möglichen Körper-

stellen und verpuppen sich ihrerseits. Dabei bilden sie kleine gelbe Kokons, die im Volksmund als »Raupeneier« bezeichnet werden. Träge oder schlaff wirkende Raupen liefern daher oft ein ganz anderes »Zuchtergebnis«, als man erwartet hatte. Will man nicht parasitierte Raupen züchten, so muß man auf diese Anzeichen achten. Ganz sicher kann man aber doch nie sein, denn die Parasitierung äußert sich mitunter bis zuletzt nicht. Zurück zu den Raupen, welche durch Umherkriechen ihre Verpuppungsbereitschaft anzeigen. Sie benötigen nun geeignetes Substrat für die Verpuppung. Bei manchen Arten, die in dieser Phase nicht wählerisch sind, genügt es, wenn man in das Zuchtgefäß ein paar dürre Stengel oder schmale Hölzchen stellt. An ihnen heften sich die Raupen der Tagpfauenaugen oder Kleinen Füchse fest. Wie die Abb. S. 45 und 93 zeigen, schiebt sich die Puppe aus der letzten Raupenhaut und später der Schmetterling aus der Puppe.

Von der Schlupfwespe *Apanteles glomeratus* befallene Raupen sind zunächst nicht zu erkennen (Abb. oben). Wenn die Larven des Parasiten ausgewachsen sind, durchbohren sie die Raupenhaut (Abb. in der Mitte) und verpuppen sich neben der sterbenden Raupe (Abb. unten). Die Puppenkokons werden fälschlicherweise »Raupeneier« genannt.

Raupen, die sich im Boden verpuppen oder die Gespinste machen und darin einen Kokon ausbilden, benötigen in der Regel eine etwas geänderte Umgebung. Holzwolle und Torfmull bieten in den meisten Fällen das geeignete Substrat für solche Arten, die sich im Boden eingraben, um sich dort zu verpuppen. Manche Schwärmer lieben es, wenn der Boden sandig ist. Sauberer Flußsand bietet dann in leichter Mischung mit Torfmull den geeigneten Ersatzboden. Einige Raupen scharren darin zuerst eine Höhle frei, deren Wände sie mit Spinnfäden befestigen und verkitten.
Bei allen Zuchten ist auf passende Feuchtigkeits- und Temperaturbedingungen zu achten. Das erfordert nicht nur Thermometer, sondern ganz besonders auch »Fingerspitzengefühl« für die richtige Feuchtigkeit. Alle paar Tage mit lauwarmem Wasser (Zerstäuber!) spritzen, daß der Untergrund leicht angefeuchtet bleibt, aber nicht naß wird; denn zu feuchter Boden läßt Schimmelbildung zu. Das ist für die meisten Puppen tödlich. Die saure Reaktion des Torfmulls beugt dem etwas vor.
Auch bei der Haltung der Raupen müssen die Wärme- und Feuchtigkeitsverhältnisse beachtet werden. Raupen, die in feuchten, schattigen Lebensräumen gefunden wurden, dürfen mit dem Zuchtkäfig nicht in

Aus der letzten Raupenhaut schiebt sich die Puppe des Kohlweißlings hervor, die an einem Gürtel aufgehängt ist, den die Raupe zuvor gesponnen hatte.

die pralle Sonne am Fenster gestellt werden. Besprühen mit lauwarmem Wasser fördert ihr Wohlbefinden; zu geringe Luftfeuchtigkeit, wie sie oft in Räumen gegeben ist, schadet ihnen. Sonne brauchen sie aber zur Entwicklung. Deshalb sollte man den Zuchtkäfig so plazieren, daß er für kurze Zeit – am besten morgens – Sonne bekommt. Auf Sauberkeit muß besonders geachtet werden. Die Kotballen verpilzen sehr schnell, wenn sie nicht regelmäßig entfernt werden. Sie stel-

Zucht und Haltung

len dann eine Bedrohung der Gesundheit der Raupen dar.
Der gesamte Lebenszyklus eines Schmetterlings ordnet sich in aller Regel in ein Zeitschema ein, das im Endeffekt günstigste Bedingungen für die Fortpflanzung bedeutet. Da in unseren gemäßigten Breiten der Winter den jahreszeitlichen Engpaß im Falterleben bildet, richten sich die Fortpflanzungsstrategien der Schmetterlinge besonders auf die Überbrückung des Winters ein. Folgende Möglichkeiten stehen offen:

- die Falter schlüpfen noch im Spätsommer oder Herbst und legen die Eier ab, die dann überwintern;
- aus den abgelegten Eiern schlüpfen noch Raupen, die in mehr oder weniger fortgeschrittenen Stadien überwintern;
- die Raupen verpuppen sich noch rechtzeitig und die Puppen überwintern;
- die Falter selbst überwintern.

Bei Arten, die pro Jahr mehr als 1 Generation hervorbringen, muß sich die letzte vor dem Winter entsprechend darauf einrichten. Das geschieht meist über einen oder mehrere äußere Zeitgeber. Der wichtigste ist der Jahresgang der Tageslänge. Im Frühjahr nimmt sie kontinuierlich zu, bis sie zur Sommersonnenwende den Höchstwert erreicht. Die maximale Tageslänge

An einen dünnen Zweig geheftet überwintert ganz frei die Puppe des Schwalbenschwanzes der Sommergeneration. Sie überdauert den Schnee und Frost. Im Frühling schlüpft dann der Falter.

hängt von der geographischen Breitenlage ab. Je weiter im Norden gelegen, um so länger werden die Tage auf der Nordhalbkugel und umgekehrt.
Dieses Lichtangebot und seine Veränderung können die Raupen »messen« und daraus die Information entnehmen, ob sich das Jahr bereits geneigt hat und die Tage wieder kürzer werden, oder ob die Sommersonnenwende noch nicht

erreicht ist. Weniger zuverlässig, aber für die Entwicklung der Raupen und Puppen nicht minder bedeutsam ist die Temperatur. Sie nimmt im Mittel zum Sommer hin zu und danach wieder ab. Die Phasen verschieben sich allerdings bezüglich der Helligkeit. Die längsten Tage bringt der Juni, die höchsten Temperaturen aber normalerweise der Juli, mitunter erst der August. Eine um 10 Grad Celsius höhere Temperatur beschleunigt nun die Entwicklung auf gut das Doppelte. Das kann als Faustregel gelten. Im Hochsommer mit Monatsmitteltemperaturen um oder über 20 °C läuft daher die Puppenentwicklung doppelt so schnell ab, als in Frühjahr oder im Herbst.

Von dieser Grundeigenschaft der biologischen Entwicklungsprozesse gingen bei den einzelnen Arten unterschiedliche Entwicklungen aus. Sie führten dazu, daß unter dem sichereren Einfluß der Tageslänge Raupen, die im Langtag (also bei mehr als 12 Stunden Helligkeit pro Tag) und unter zunehmender Helligkeit lebten, Puppen hervorbringen, die sich sofort entwickeln. Aus ihnen schlüpfen dann im Hochsommer die Falter, z. B. beim Tagpfauenauge. Eine 2. Flugperiode beginnt. Die daraus hervorgehenden Raupen geraten nun unter abnehmende Bedingungen der Tageslänge, sinkende Temperaturen und vielleicht sogar bis in die Zone des Kurztages nach der Tag-und-Nacht-Gleiche. Ihre Entwicklung wird nun bei all jenen Arten – und das ist die große Mehrzahl – gehemmt, bei denen nicht die Falter selbst überwintern. Beim Tagpfauenauge oder beim Kleinen Fuchs schlüpfen auch noch die allerletzten Puppen im Spätsommer (oder gehen zugrunde). Die Falter überwintern bei diesen Arten. Für die Zucht stellen sie kein Problem.

Anders jene, deren Puppen überwintern. Denn es dauert fast 1 Jahr, bis sie schlüpfen. Die ganze Zeit darf der Boden nicht zu trocken oder zu feucht werden. Viele brauchen sogar eine starke Abkühlung auf ein paar Grad über Null, um überhaupt zu schlüpfen. Die Herabsenkung der Temperatur und ihr Wiederanstieg bewirken, daß sich die Puppen weiterentwickeln. Im nächsten Frühjahr oder Frühsommer sind sie dann zur richtigen Zeit so weit.

Erfahrene Züchter von Schmetterlingen bedienen sich daher in solchen Fällen eines einfachen Tricks. Sie bringen die Puppen für einige Tage oder vielleicht für 1 Woche in den Kühlschrank (wobei sehr darauf geachtet werden muß, daß sie nicht austrocknen!). Dann setzen sie die Puppen feuchtwarmen Bedingungen aus. Man nennt dieses Vorgehen »treiben«, denn ähnlich

wie sich Winterknospen in warmen Räumen bei zusätzlicher Beleuchtung in der Vase zum austreiben bringen lassen, »mißdeuten« die Puppen diese Behandlung und schlüpfen unzeitgemäß früh.
Dieses Treiben von Schmetterlingspuppen, mit oder ohne Kälteeinwirkung, hat durchaus auch eine gewisse praktische Bedeutung. Mit ihrer Hilfe gelingt es nämlich, Wanderfalter, die sonst zu spät schlüpfen würden, rechtzeitig heranzuziehen. Diese können dann, mit verdünntem Honig noch gut gefüttert, unter Umständen doch den Rückflug über die Alpen schaffen. Bei großen Raupen von Totenkopf- oder Windenschwärmern lohnt sich dieser Versuch.
Raupen, die normalerweise überwintern würden, lassen sich meist ohne besondere Mühe weiter pflegen und zur Verpuppung bringen. Sie stellen ihre Aktivität vornehmlich unter dem Zwang der niedrigen Außentemperaturen ein. Für die große Mehrzahl aller Schmetterlingsarten in Mitteleuropa bildet sich um 10 °C eine Temperaturschwelle aus. Wird sie unterschritten, so stellen die Raupen oder Falter ihre Aktivität ein. Auch die Puppen entwickeln sich nicht mehr weiter. Erst über 10 °C verlaufen die Reaktionen normal (aber temperaturabhängig). Diese Regel gilt in vielen Fällen, aber nicht immer.
Dies gibt Ansatzpunkte für eigene Experimente. Wer über entsprechende Räumlichkeiten (Kühlräume oder von Thermostaten gesteuerte Heizungen) verfügt, kann mit den Raupen und Puppen experimentieren. Man setzt sie unterschiedlichen Temperaturen oder Feuchtigkeitsverhältnissen aus und untersucht, wie sich die Muster von Färbung und Zeichnung (vgl. Abb. S. 99) sowie die Entwicklungsgeschwindigkeiten ändern. Ein einfacher, aber recht informativer Versuch, den jeder machen kann, sieht folgendermaßen aus:
Man bringt Raupen des Tagpfauenauges oder des Kleinen Fuchses in 2 gleichartige Gefäße und versorgt sie in gleicher Weise mit frischen Brennesseln. Die einen hält man im Raum unter gleichförmigeren Temperaturbedingungen als die anderen, die unter Freilandbedingungen bleiben. Der Käfig oder das mit Gaze abgeschirmte Zuchtgefäß schützt vor Parasiten, ändert aber die Außenbedingungen nur wenig. Mit 2 Maximum-Minimum-Thermometern lassen sich die täglichen Temperaturamplituden registrieren. Wir können nun vergleichen, welche sich schneller entwickeln und ob einzelne Abschnitte durch die stärkeren Schwankungen der Temperaturverhältnisse im Freiland besonders anfällig sind. Ein paar kühle Nächte können gleich ganz beacht-

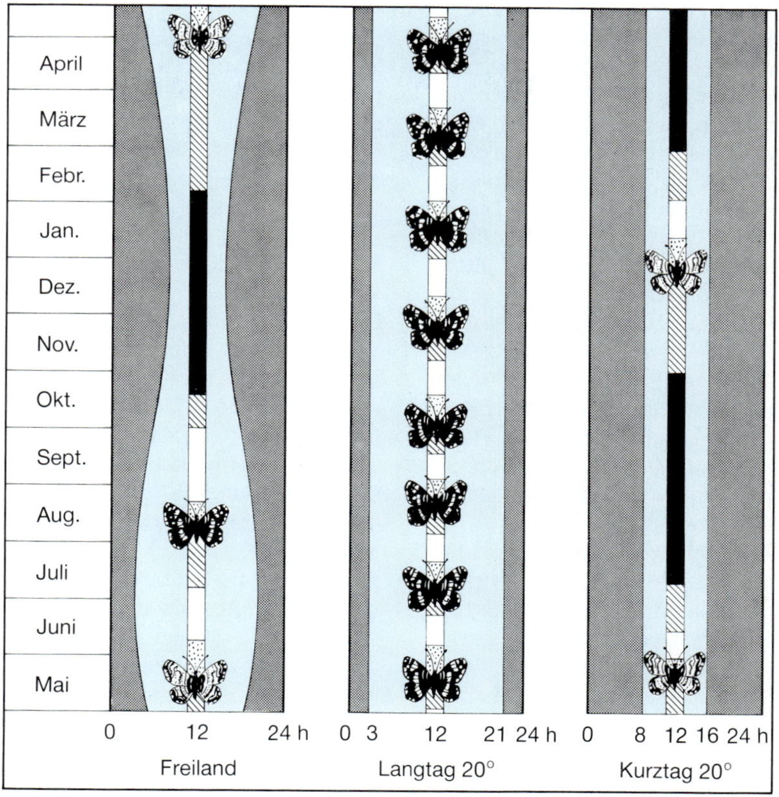

Ein verhältnismäßig einfaches Zusammenspiel von Tageslänge (Helligkeit) und Temperatur steuert die Ausbildung der beiden ganz unterschiedlichen Morphen des Landkärtchens *(Araschnia levana)*. Unter Freilandbedingungen (links) führen die Langtagbedingungen im Mai/Juni zur direkten Ausbildung der Sommerform (f. *prorsa*), während die aus dieser Sommergeneration hervorgehenden Puppen unter Zwischenschaltung der Überwinterung (schwarzer Balken) zur hellen Frühjahrsform schlüpfen (die Zeichnung des Mittelbalkens bedeutet: hell = Raupenstadium; schraffiert = Puppenstadium; punktiert = Falterstadium). Bei andauernden Langtagbedingungen und ohne Kältephase (Mitte) folgen dicht gestaffelte Generationen von Sommerform-Faltern aufeinander, während konstante Kurztagverhältnisse (rechts) mehrmonatige Ruhephasen und in langsamerer Abfolge nur Frühjahrsformen verursachen. Aus Kurztagpuppen schlüpfen allerdings nur dann Falter, wenn die Puppen mindestens 3 Monate kühl gehalten werden (nach MÜLLER 1959).

liche Verschiebungen zu den Zuchten im Haus ergeben!

Wer Schmetterlinge züchtet, um die Bestände im Freiland mit wohl ernährten, nicht parasitierten Faltern etwas aufzustocken, sollte darauf achten, daß bei Gemeinschaftszuchten möglichst nicht nur Angehörige 1 Geleges (also Nachkommen nur 1 Weibchens) gehalten werden. Denn oft erfolgt gleich nach dem Schlüpfen die Paarung. Sind alle geschlüpften Falter Geschwister, so kann die Befruchtungsrate geringer ausfallen als bei echter Fremdbefruchtung. Raupen aus verschiedenen Raupennestern vermindern die Gefahr genetischer Unverträglichkeit.

Zur Zucht muß man auch die Futterpflanzen der Raupen kennen. Nicht alle leben in den ersten Jugendstadien auf den gleichen Pflanzen wie später, wenn sie fast ausgewachsen sind. Die Bücher über Raupen und Schmetterlingszucht (vgl. Literaturverzeichnis) berichten über die besonderen Ansprüche einzelner Arten und zeigen, ob sie futterstet (monophag) sind oder einige wenige Pflanzenarten annehmen (oligophag). Es gibt auch Raupen, die nahezu alles fressen, was sie zerbeißen können (polyphage Arten).

Ganz kompliziert verläuft die Züchtung bei einigen Arten von Bläulingen. Bei ihnen ernähren sich die kleinen Raupen zunächst von niederen Kräutern, wie Thymian; größer geworden sondern sie einen bestimmten Saft ab, der Ameisen veranlaßt, daran zu naschen und die Raupen schließlich in ihre Baue einzutragen. Dort bekommen sie von den Ameisen Futter oder fressen deren Brut. Diese Bläulinge zu züchten, zählt daher zu den großen Kunststücken.

Ein Schmetterlingsweibchen legt viele Eier ab, aus denen der Raupennachwuchs schlüpft und heranwächst. Die große Mehrzahl davon geht auf natürliche Weise wieder zugrunde, bevor die Raupen groß und verpuppungsreif geworden sind. Parasiten, wir erwähnten sie schon, fordern ihren Tribut; die Unregelmäßigkeiten der Witterung verursachen Ausfälle und Freßfeinde stellen ihnen nach. Die unbewehrten, ungeschützten Raupen werden von insektenfressenden Singvögeln gesucht, von Laufkäfern und Ameisen gejagt oder von Spitzmäusen verzehrt. Nur ein Bruchteil hat Chancen, durchzukommen.

Normalerweise macht dies nichts aus, denn die Nachwuchsleistung der Schmetterlinge hat sich im Laufe ihrer Entwicklungsgeschichte auf die natürlichen Verluste eingestellt. Arten mit vielen Feinden und hohen Verlusten produzieren mehr Nachwuchs als solche, die durch Gifte

Veränderlichkeit der Flügelzeichnung beim Totenkopfschwärmer *(Acherontia atropos)*
Oben: Normales Zeichnungsmuster auf den Vorderflügeln. Unten: Durch Temperatureinwirkung verändertes Zeichnungsmuster auf dem rechten Vorderflügel (Aberration). Die Zeichnungsmuster vieler Schmetterlingsarten variieren ein wenig. Das ist ganz natürlich. Aber nur wenige wechseln regelmäßig die Muster, wie das Landkärtchen (vgl. Abb. S. 19). Häufiger auftretende Aberrationen bekommen oft einen eigenen Namen: forma (abgekürzt f.; vgl. S. 18–21). Das unterscheidet sie von Unterarten (vgl. S. 171 ff.).

Arion-Bläuling *(Maculinea arion)*, Männchen beim Blütenbesuch.

geschützt wenige Freßfeinde besitzen. Solche Arten kommen mit weniger Eiern zurecht.
Dennoch gerieten manche Arten in unserer Zeit an den Rand der Ausrottung oder wurden örtlich tatsächlich vernichtet. Die Ursachen hierfür sind vielfältig und werden uns noch im Abschnitt über Schmetterlingsschutz beschäftigen.
Für die Zucht entsteht aus dieser Situation aber die Aufgabe, hochgradig bedrohte Arten durch Erhaltungszuchten in Gefangenschaft zu sichern. Bei Säugetieren, Vögeln, Reptilien und Fischen wird dies schon seit vielen Jahren getan. Bei Schmetterlingen hat man erst jetzt begonnen, als es beispielsweise in Großbritannien darum ging, den ausgestorbenen Schwalbenschwanz wieder einzubürgern.
Ohne Zuchten, die gleich größere Mengen wohl genährter Falter liefern, würde eine solche Unternehmung mit Sicherheit ein Fehlschlag werden. Man kann in der Regel nicht einfach ein paar Raupen irgendwo sammeln, an den Aussetzungsort bringen und sich selbst überlassen, in der Hoffnung, daß daraus ein neuer Bestand entsteht. Hierzu bedarf es ausgefeilter Kenntnisse der Technik der Schmetterlingszucht. Sie an gewöhnlichen, nicht bedrohten Arten zu erwerben, erscheint als lohnende Aufgabe für die Zukunft. Doch wird man dies nicht so einfach im Kleinterrarium zu Hause machen können. Weitaus besser eignen sich regelrechte Flughäuser für Schmetterlinge.

Das »Lepidopterarium«

Das Ziel der Raupenzuchten bestand zumeist ausschließlich in der Gewinnung völlig unversehrter Falter für die Sammlungen. Sie wurden gleich nach dem Schlüpfen getötet, genadelt und gespannt. Nur selten durften die Falter in die Freiheit davonfliegen. Solche Zuchten stellten natürlich keinen Beitrag zur Erhaltung der Falter dar. Doch was sollte man tun? Entweder man ließ die Falter fliegen oder man präparierte sie. Eine andere Lösung schien es nicht zu geben. Oder doch?

Geht man im Zoo von Colombo auf Sri Lanka (Ceylon) durch die verschiedenen Vogelvolieren, so steht man unvermittelt vor einer weiteren, die von außen fast nichts zu erkennen gibt. Durch eine Schleuse betritt man den großen Käfig. Ein schmaler Weg schlängelt sich hindurch, gesäumt von tropischen Sträuchern und Blumen, die meisten in voller Blüte. Um die Blüten tummeln sich Schmetterlinge, riesengroß und wunderschön. Neugierig umflattern sie die Köpfe der Besucher. Dann lassen sie sich irgendwo auf einer Schale mit Wasser nieder, um daran zu trinken. Hibiskus- oder andere Blüten schwimmen darin.

Prächtige Falter sind es, die man da zu Gesicht bekommt. Sie sind nicht scheu, lassen sich aber nicht anfassen. Setzt man sich auf eine Bank und wartet ganz ruhig ab, so kommt vielleicht ein großer Schwalbenschwanz mit leuchtend roten Hinterflügeln oder ein noch größerer Vogelflügelfalter der Gattung *Troides* und landet auf dem Knie. Lange tänzeln sie an den Blüten, trinken da und dort Nektar. Wie berauscht taumeln sie umher – bis plötzlich ein Weibchen kommt.

Dann beginnt ein Wirbel der Männchen, ein Flügelschlagen, Spiralen ziehen und Abstürzen aus der Dekkenhöhe von gut 2 Metern. Das Weibchen war noch virginell, also noch nicht befruchtet. Die Männchen intensivieren die Balz. Fühler vibrieren, Flügel zittern. Schließlich kommt es zur Vereinigung. Der Klammerapparat des Männchens schließt sich um die Hinterleibspitze des Weibchens. Ruhig sitzt das Paar auf einem Blatt – die Begattung wird vollzogen. Nach einer guten Viertelstunde regt sich das Weibchen. Die Klammerung öffnet sich; das Männchen fliegt davon. Das Weibchen gleitet zur Tränke. Der Rüssel wird entrollt und in langen Zügen saugt es am zuckerhaltigen Saft.

Das ganze Schauspiel vollzieht sich vor den Augen der Besucher. Jeder kann zusehen, der Zeit und Muße dazu findet, die Feinheiten eines solchen Paarungsverhaltens zu studieren. Die große Freiflughalle

Große Freiflugvoliere für Schmetterlinge (Lepidopterarium) im Zoologischen Garten von Colombo auf Sri Lanka. Solche Anlagen könnten auch Vorbild für europäische Zoos sein und zahlreiche Besucher erfreuen.

für die Schmetterlinge ermöglicht dies. Sie ist ein Kleinod unter den Anlagen im Tierpark von Colombo – fast eine Einmaligkeit. Denn es gibt nur wenige vergleichbare Anlagen in der Welt.

Das müßte nicht so sein. Ließen sich nicht auch hierzulande die häufigsten und bekanntesten Tagfalter oder auch einige der wundervollen Tropenfalter in solchen Flugkäfigen halten und dem Besucher vorführen? Wäre es nicht attraktiv, ähnlich wie in ein Vogelhaus mit tropischen Kolibris und Nektarvögeln, in ein Schmetterlings-Flughaus zu gehen, in dem sich die so phantastisch schillernden Morphos tummeln? Sollte nicht gerade auch der Städter Gelegenheit bekommen, Trauermantel und Pfauenauge, Kleine Füchse und Apollofalter zu bewundern, ohne daß er aufwendige Touren machen muß?

Die Möglichkeiten hierzu sind zweifellos gegeben. Im Sommer ersetzt die Einstrahlung der Sonne die notwendige Heizung für die Haltung tropischer Arten. Die einheimischen lassen sich nach Bedarf

An den für die Schmetterlinge aufgestellten Trinkschalen kann man die herrlichsten tropischen Falter aus nächster Nähe beobachten. Viele gehören zu den für Sammler besonders attraktiven Arten.

züchten und in die Flugkäfige bringen.
Der Raumbedarf ist groß, aber nicht zu groß. Eine Voliere von 2 × 4 × 5 Meter bietet genug Platz, um Dutzende oder Hunderte von Tagfaltern fliegen zu lassen. Wachsen geeignete Futterpflanzen (in Töpfen) in der Anlage, werden die begatteten Weibchen auch ihre Eier ablegen, so daß für eine ganze Reihe von attraktiven Arten die eigene Nachzucht leicht ausreicht, um den Bedarf zu decken. Den Überschuß, der gewiß zustande kommen wird, bekommt die Natur zurück! Ein solches Schmetterlings-Flughaus, ein »Lepidopterarium«, könnte viele Menschen an die Schmetterlinge heranführen, die sie heutzutage oft nur noch vom Hörensagen kennen, selbst aber kaum mehr zu Gesicht bekommen.
Doch es muß nicht gleich eine Großanlage sein, in der man spazieren gehen kann! Bescheidenere Ausmaße bieten noch genug attraktiven Faltern Platz und Bewegungsfreiheit, so daß sie sich gut halten lassen werden. Ein Winter-

garten am Haus, ein größeres Fenster, an das sich eine Voliere anbauen läßt, oder ein großes Terrarium eignen sich durchaus auch dafür. Man muß nur die Bewegungsansprüche der Arten berücksichtigen, die man halten möchte.
Große, kräftige Flieger, wie die Schwärmer sind hierfür nicht geeignet. Sie würden sich schnell zugrunderichten. Weißlinge dagegen, die nicht so rasant fliegen und gerne rasten, nehmen auch schon mit einem großen Terrarium vorlieb. Blutströpfchen kommen noch besser damit zurecht.
Blüten in Vasen oder eingetopfte blühende Pflanzen sind jedoch die Vorbedingung in jedem Falle. Nur dann werden die Falter ihre ungestümen Versuche zu entweichen aufgeben und sich in den Raum eingewöhnen. Diffuses aber helles Licht ist besser als klare Sicht zur Sonne, weil die Falter bei der kleinsten Beunruhigung zum Licht fliegen und davonzustreben versuchen. Träge Schmetterlinge, wie die Bären oder manche Spinner, eignen sich daher am besten für eine derartige Haltung. An ihnen läßt sich viel beobachten, was sonst draußen dem geduldigen Schmetterlingsfreund doch entgeht. Besonders die Feinheiten der Balz sind es immer wieder, die faszinieren.
Solche größeren Anlagen ermöglichen auch die Massenzucht. Auf ihre zunehmende Bedeutung für die Erhaltung bedrohter, selten gewordener Arten wurde bereits hingewiesen. Nur bei hinreichend großräumiger Haltung werden die geschlüpften Falter zur Paarung problemlos bereit sein und die Weibchen daran anschließend die Eier ablegen. So bekommt man eine große Menge Nachwuchs, der sich draußen nie in diesem Umfang zusammensuchen ließe.
Da die Schmetterlinge auf sehr einfache Auslöser, insbesondere auf arttypische Duftstoffe reagieren, braucht man Verhaltensänderungen wegen der Aufzucht unter Gefangenschaftsbedingungen nicht zu befürchten. Die gezüchteten Falter werden im Freiland ihrer Kondition entsprechend überlebensfähig sein, keine Spur aber von der Aufzucht unter kontrollierten Bedingungen zeigen. Der Schmetterlingsfreund kann daher mit gutem Gewissen seinen Beitrag zum Artenschutz leisten, wenn er Falter nachzüchtet und in Freiheit entläßt. Den Zoologischen Gärten sollte es aber eine Pflicht sein, ähnlich wie dies in Großbritannien geschieht, heimische Falter zu züchten und ihre Lebensweise den Stadtkindern nahe zu bringen, die sonst höchstens ein paar Sekunden lang einen Falter durch einen Stadtpark huschen sehen.

Wasserschmetterlinge

So unglaublich es klingt – auch im Wasser leben Schmetterlinge! Sie sind gar nicht einmal so selten und jeder, der die Hinweise zu deuten versteht, kann sie an unseren Seen und Teichen finden. Zwar sind es nur 7 verschiedene Arten, die in Mitteleuropa vorkommen, aber ihre Lebensweise ist um so interessanter, zeigen sie doch den Übergang vom Land- zum Wasserleben, welche Anpassungen dazu nötig sind und welche Vor- oder Nachteile damit verbunden sind.

Der Seerosenzünsler

Am meisten fällt eine Art auf, die etwas zu Unrecht als Seerosenzünsler bezeichnet wird. Sie gehört zu den Zünslern *(Pyralidae)* und damit zur großen Familiengruppe der Kleinschmetterlinge. Mit etwa 3 cm Flügelspannweite zählt sie zu den größten Arten der Kleinschmetterlinge. Die Flügel tragen auf weißem Grund goldbräunliche Linien und Schatten, die ein recht charakteristisches Muster erzeugen (Abb. S. 107).

Ihr wissenschaftlicher Name *Nausinoe (Nymphula) nymphaeata* weist darauf hin, daß die Art mit Seerosen zu tun hat. Die ›Kleine Seerosen-Nymphe‹ könnte man ihn übersetzen. Das rührt daher, daß die Raupen dieses Schmetterlings auch an Blättern von Seerosen fressen. Daran erkennt man sie bzw. ihr Vorkommen am besten: Wenn die Blätter von See- oder Teichrosen an den Rändern längsovale Ausschnitte tragen, dann leben die Raupen des Seerosenzünslers daran! Solche Blätter sind aber ziemlich dick. Sie können nur von den kräftigen, fast ausgewachsenen Raupen angeschnitten werden. Viel häufiger findet man die typischen Fraßbilder daher an anderen Schwimmblättern von Wasserpflanzen; etwa an Schwimmendem Laichkraut *(Potamogeton natans)*, Wasserknöterich *(Polygonium amphibium)* und an Seekanne *(Nymphoides peltata)*. Dies sind die Hauptfutterpflanzen der *Nymphula*-Raupen. An See- und Teichrosen gehen sie viel seltener. Offensichtlich hatte man sie aber bei der Zuteilung des wissenschaftlichen Namens an Seerosenblättern entdeckt. So entstand die Bezeichnung Seerosenzünsler.

Wo finden wir nun diesen Wasserschmetterling? Er ist verbreitet, aber doch oft nur örtlich in Anzahl zu finden. Am besten sucht man in der zweiten Maihälfte Tümpel, Teiche oder dauernd Wasser führende Kiesgruben ab und überprüft die Schwimmblätter von Wasserpflanzen auf die charakteristischen Fraßbilder. Die Suche lohnt an allen Arten von Wasserpflanzen, deren Blätter breitflächig der Wasserober-

In sauberen, nährstoffreichen Weihern und Altwässern findet man an ihren artgemäßen Futterpflanzen die Raupen der Wasserschmetterlinge. Die Falter fliegen in der Abenddämmerung oder nachts am Ufer und suchen über der Wasseroberfläche nach Weibchen, die frisch geschlüpft sind.

fläche aufliegen. Fein zerschlissene Blätter, die unter dem Wasserspiegel bleiben, eignen sich nicht für diese Art. An ihnen werden wir andere finden.

In der zweiten Maihälfte und wieder im Juli haben die Raupen eine Größe erreicht, bei der sie die auffallenden Schnitte an den Schwimmblättern anfertigen. Wir müssen nun in deren Nähe die Blätter absuchen: an der Unterseite, mitunter auch neben den Blättern schwimmend, befinden sich die am Blattrand fehlenden Stücke! Sie wurden zu einem gut 2 Zentimeter großen Köcher zusammengelegt. Darin lebt die Raupe. Bei vorsichtiger Überprüfung zeigt sich, daß der Köcher mit Luft gefüllt ist und einen seidig schimmernden, inneren Überzug trägt, welcher verhindert, daß Wasser in den Köcher eindringt. Die Raupe atmet mit offenen Stigmen (Atemöffnungen am Körper) in ganz normaler Art und Weise Luft. Diese nimmt sie mit dem Köcher unter die Wasseroberfläche mit, wenn sie ins Wasser hinabkriecht. Einen wesentlichen Teil des Tages verbringt sie aber an der Wasseroberfläche, wo sie die Schwimmblätter zumeist von oben oder von der Seite her benagt. Ihr Kopf ist benetzbar. Dadurch kann sie ohne Mühe auch ins Wasser zur Nahrungsaufnahme hinein. Wäre auch der Kopf wie der übrige Körper unbenetzbar, so würde sie andauernd von ihren Futterpflanzen weggeschoben werden.

Nimmt man die Raupe mitsamt dem Köcher heraus, so zieht sie sich zurück und schließt den Rand. Nichts deutet mehr darauf hin, daß eine dicke, kräftige Raupe darin sitzt. Der Köcher wurde mit Spinnfäden an den Seiten so versponnen, daß er ganz gut zusammen hält. Die Blattstücke leben noch eine ganze Reihe von Tagen weiter, auch wenn sie abgetrennt wurden, weil sie – wie die meisten Wasserpflanzen – Wasser direkt aus der Umgebung aufnehmen können. Sie trocknen daher auch an der Oberseite nicht aus und halten das Gehäuse frisch grün!

Legen wir nun die Raupe in ein kleines Aquarium, so führt sie vor, wie sie mit ruckartigen Bewegungen des halb aus dem Köcher herausgekrochenen Vorderkörpers zu schwimmen versteht. Auf diese Weise erreicht sie bald die Schwimmblätter, die als Futter hineingegeben wurden. In ihrem Köcher wächst sie heran und häutet sich vielleicht noch einmal, bis sie vollends ausgewachsen ist. Fängt

Seerosenzünsler *(Nymphula nymphaeata)*; links Männchen, rechts Weibchen. Er ist der häufigste Wasserschmetterling Europas.

Am ovalen Schnitt im Schwimmblatt des Laichkrautes *(Potamogeton natans)* erkennt man das Vorhandensein von großen Raupen des Seerosenzünslers.

der Köcher an den Rändern zu faulen an, so verläßt sie ihn und schneidet sich einen frischen aus 2 Blattstückchen, die sie wiederum zusammenspinnt. Zur Abgabe der Kotballen kriecht sie an die hintere Köcheröffnung und spritzt ihn dann einige Zentimeter weit von sich. So bleibt der Köcher innen sauber. Hält man mehrere Raupen zusammen in einem kleineren Glasgefäß, so muß bald das Wasser gewechselt werden.

Gegen Ende Mai – je nach Größe der Raupe – verringert sich ihre Aktivität. Die Nahrungsaufnahme geht zurück. Die Raupe versucht nun mitsamt dem luftgefüllten Köcher ins Wasser hinabzukriechen. Das fällt ihr nicht leicht, denn der Auftrieb drückt sie nach oben. Sie muß sich richtig anstrengen, um tief genug hinabzukommen. Meist wählt sie für den Abstieg einen Pflanzenstengel, den sie gut umfassen kann. Nur die 3 Beinpaare werden dabei eingesetzt, nicht die Scheinfüßchen am hinteren Abschnitt des Raupenkörpers. Dieser bleibt im Köcher.

In etwa 10 Zentimeter Tiefe verharrt die Raupe. Durchs Glas läßt sich schön beobachten, wie sie nun den Stengel annagt und 2 oder 3 kleine Löcher hineinbeißt. Mitunter führt sie dies auch an der Glaswand direkt durch – natürlich ohne »Erfolg«. An den Bißstellen befestigt sie nun Spinnfäden, die aus ihrer Munddrüse austreten. Immer wieder drückt sie die Mundöffnung gegen die Bißstellen, bis die Fäden richtig haften. Dann zieht sie den Köcher heran und verschließt ihn von innen am Stengel. Der Köcher steht nun senkrecht vom Stengel ab. Nach etwa 1 Tag sitzt er so fest, daß man ihn nur noch mit Gewalt abreißen könnte.
Befestigt ihn die Raupe am Glas, so nimmt sie eine Hälfte des Köchers ab (meist die untere) und verspinnt die andere mit dem Glas. Dabei sieht man, wie sich die Raupe hin- und herwindet. Die Befestigung am Glas scheint keine Schwierigkeiten zu machen. Nach 2 oder 3 Tagen erfolgt die Häutung zur Puppe. Sie liegt im lockeren Gespinst in der Luftglocke, die von der Raupe mit dem Köcher mit nach unten ins Wasser mitgenommen worden war. Auf diese Weise bleibt der Puppe der Sauerstoffbedarf gesichert.
Die Leitungssysteme in den Stengeln der Wasserpflanzen führen Luft, die zu den Wurzeln hinuntertransportiert werden muß, um diese mit Sauerstoff zu versorgen. Man nahm daher zunächst an, daß die Raupe mit dem Anbeißen der Stengel die Luftbahnen anzapfen würde. Auf diese Weise sollte die Puppe den nötigen Sauerstoff bekommen. Die Verpuppung am Glas zeigt, daß dies nicht unbedingt nötig ist. Denn die Puppen entwickeln sich auch dann, wenn sie, nur am Glas befestigt, ausschließlich mit dem Sauerstoffvorrat auskommen müssen, den die Raupe mitgebracht hat. Das einfache Experiment mit der Verpuppung am Glas zeigt dies ganz klar.
Nach 10 bis 14 Tagen, je nach Wassertemperatur, wird dann der spannende Moment des Schlüpfens kommen. Der Luftvorrat ist merklich kleiner geworden. Aber immer ist noch genügend vorhanden, um das Ausschlüpfen des Schmetterlings zu garantieren. Dieser arbeitet sich langsam nach oben durch das wasserdichte Gespinst und drückt das Köcherblatt von der Unterlage ab. Im selben Moment, in dem die Luftblase entweicht, schlüpft auch der Schmetterling heraus und wird von ihr geradezu wie mit einem Ballon getragen an die Wasseroberfläche mit hochgerissen. Dort schleudert ihn die Luftblase heraus. Die Oberflächenspannung des Wassers sorgt dafür, daß der von feinen, langen Schuppen umgebene Schmetterling nicht benetzt wird.

Aus einer Wolke von Schuppen richtet er sich an der Oberfläche auf und geht langsam zum nächsten Schwimmblatt, wo er Blutflüssigkeit in seine Flügel pumpt. Bald sind sie entfaltet, fest geworden, und der Schmetterling kann davonfliegen. In Freiheit führt sein Flug in die Ufervegetation, wo er sich tagsüber verborgen hält. Er bleibt mit schräg nach unten gerichtetem Kopf an der Unterseite von Halmen oder Blättern sitzen. Nur bei Störung fliegt er auf. Schnell versucht er wieder, im Gras zu verschwinden. Dieses Verhalten ist für ihn überlebensnotwendig. Denn sein zarter Körper verliert an der trockenen Luft, besonders dann, wenn er der vollen Sonneneinstrahlung ausgesetzt ist, schnell Wasser. An warmen Tagen beginnt die Flugaktivität der Seerosenzünsler daher mit der Suche nach Tautropfen oder Blütennektar. Erst in der Abenddämmerung werden sie aktiv. Die Luftfeuchtigkeit muß die Sättigungsgrenze erreicht haben. Im feuchten Uferbereich von Kleingewässern tritt dies zumeist zu Beginn der Abenddämmerung ein. Jetzt werden die Schmetterlinge munter. In langsamem Schwirrflug kommen sie hervor und suchen die Uferränder nach Blüten ab. Mit abnehmender Helligkeit ändert sich ihr Verhalten. Der erste fliegt über die Wasseroberfläche hinaus und zieht wenige Zentimeter über dem Wasserspiegel seine Bahnen. Schnell erkennt man, daß es sich um Suchflüge handelt. Es sind Männchen, die nach Weibchen suchen; nach Weibchen, die noch nicht begattet sind. Ein Versuch zeigt dies: Ein im Aquarium gezüchtetes Weibchen wird in eine kleine, beidseitig vergitterte Zelle gebracht, die auf einer Styroporunterlage befestigt ist. Diese läßt man auf der Teichfläche treiben. Bald konzentrieren sich die Suchflüge der Männchen um dieses Floß. Das Weibchen sendet ebenfalls in der Dämmerung Lockstoffe aus, die den Männchen si-

In der Ufervegetation ruht das Männchen des Seerosenzünslers tagsüber. Der Kopf ist stets nach unten gerichtet. Erst am Abend werden die Tiere aktiv.

gnalisieren, daß es noch nicht begattet worden ist. Die Männchen klammern sich nun an das Gitter und versuchen, durch dieses hindurch das Weibchen zu erreichen. Hat man das Floß mit einer Schnur versehen, so kann man es nun vorsichtig heranziehen, eine Seite öffnen und dem Paar die Kopulation ermöglichen. Achtet man darauf, daß das Weibchen nicht entkommt, dann steht es für die Eiablage im Aquarium zur Verfügung. Dieses sollte geräumiger als ein Raupenzuchtglas sein. Das Weibchen braucht etwas mehr Raum, um einen kurzen Suchflug auf die Wasseroberfläche machen zu können. Am besten stellt man noch einen Strauß mit Uferpflanzen (und Blüten, die am Ufer zur Zeit gerade geöffnet sind) hinein. Dort kann sich das Weibchen tagsüber verstekken. Am nächsten Vormittag wird es dann zur Wasseroberfläche hinausfliegen und diese näher untersuchen. Im Aquarium läßt sich dies sehr gut beobachten.

Das Weibchen landet auf einem Schwimmblatt. Vorsichtig tastet es sich rückwärts zum Blattrand vor. Die Hinterleibspitze reckt es zur Blattoberseite hinab und tupft damit immer wieder aufs Blatt. Wenn es den Beginn des Wassers spürt, neigt es sich herab, krümmt die Spitze des Hinterleibes unter die Blattkante und beginnt mit der Eiablage. Die Wasseroberfläche wird dabei regelrecht trichterförmig eingedrückt, denn die Oberflächenspannung bleibt erhalten. An der benetzten Blattunterseite wird das Gelege abgesetzt. Die kleinen, gelblichen Eier liegen ganz dicht beisammen. Mit einer einfachen Lupe erkennt man nach einigen Tagen, wie sich die Räupchen entwikkeln. Im Aquarium geht dies sehr schnell und meist ohne Verluste vor sich. Unter Freilandbedingungen sind die Eier mannigfachen Gefahren ausgesetzt. Wasserwanzen und Wassermilben können das Gelege entdecken, die Eier anstechen und aussaugen.

Die kleinen Raupen liegen u-förmig gekrümmt im Ei. Beim Schlüpfen fallen ihre enorm großen, kräftigen Kiefer auf, mit deren Hilfe sie sich nicht nur durch die Eihaut hindurcharbeiten, sondern auch ins Blatt hineinbohren. Sie tun dies von der Unterseite her. Die erste Zeit minieren sie nun in den Schwimmblättern. Ihre Atemöffnungen bleiben geschlossen. Die gesamte Körperoberfläche ist benetzbar. Die Räupchen nehmen den lebensnotwendigen Sauerstoff durch die Haut auf. Sie verbrauchen noch nicht viel.

Das zarte Schwammgewebe der Schwimmblätter setzt ihren kräftigen Kiefern keinen nennenswerten Widerstand entgegen. Sie häuten sich und wachsen heran. Noch im-

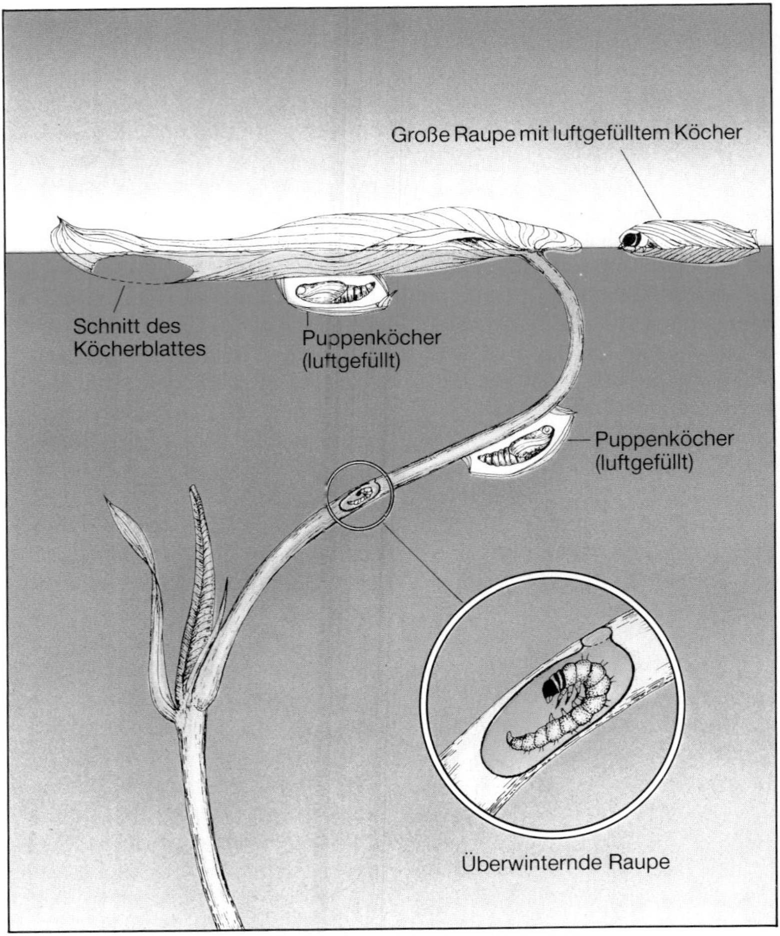

Die Raupen des Seerosenzünslers *(Nymphula nymphaeata)* fertigen sich aus Blattstückchen ihre Köcher. Bei kleinen Raupen sind sie mit Wasser, bei großen mit Luft gefüllt. Zur Verpuppung heften die Raupen ihre Köcher an die Blattunterseite oder am Stengel wasserdicht fest. In die Stengel eingebohrt überwintern die Raupen der Sommergeneration. Die von den Raupen ausgenagten Hohlräume sind mit Wasser gefüllt. Kleine Raupen mit wassergefüllten Köchern sind nicht dargestellt.

mer bleibt ihre Körperoberfläche vom Wasser benetzbar. Dieses Stadium nennt man »hydrophil«. Betrachtet man die Raupe mit einer starken Lupe oder unter dem Mikroskop, so erkennt man, daß sie nur wenige, einfache Borstenhaare trägt. An der Körperoberfläche fallen keine besonderen Bildungen auf. Nur bei starker Vergrößerung erkennt man flache Erhebungen. Ab dem 2. Raupenstadium verändert sich dann das Verhalten. Die Raupe kommt aus dem Blattinneren hervor und schneidet sich ein kleines Blattstück aus dem Rand. Es wird der 1. Köcher. Noch besteht er nur aus einer Hälfte, die dem Blatt aufliegt und mit Wasser gefüllt ist. Die Raupe frißt anfangs noch an der Blattunterseite, wechselt dann aber mit ihrem Köcher an die Oberseite und benagt das Blatt von oben her.

Die Spaltöffnungen, durch welche die Blätter den Sauerstoff abgeben und das Kohlendioxid aufnehmen, liegen bei den Schwimmblättern an der Oberseite. Sie muß daher wasserabstoßend sein, damit sich die Pflanze den Zustrom der Luft erhält. Die Pflanze bildet dazu dort eine Wachsschicht. Man sieht dies nach Regen, oder wenn man solche Schwimmblätter mit Wasser besprüht. Es sammelt sich in Tropfen und läuft dann über den Blattrand ab (s. obiges Bild).

Köcher einer großen Raupe des Seerosenzünslers. In diesem Stadium sind die Raupen bereits wasserabstoßend (hydrophob).

Die Schutzschicht aus Wachs nimmt die fressende Raupe des Seerosenzünslers auf. Über den Stoffwechsel im Innern der Raupe kommt das Wachs an die Oberfläche und beginnt an die Außenhaut zu gelangen. Bei der 3. Häutung entwickeln sich dort besondere Strukturen. Aus den flachen Kuppen wachsen kegelförmige Erhebungen mit stark gefurchter Oberfläche empor. An ihnen scheidet die Raupe die mit der Nahrung aufgenommenen Wachse ab. Dadurch wird sie selbst wasserabstoßend (»hydrophob«). Jetzt kann sie sich mit einer Lufthülle umgeben. Aus

einem neuen Blattstück fertigt sie sich einen passenden Köcher, kleidet ihn innen mit den Spinnfäden aus und holt an der Wasseroberfläche einen entsprechenden Luftvorrat. Die Stigmen öffnen sich und die Raupe ist luftatmend geworden. Dieser Wechsel erfolgt ziemlich abrupt und ändert das Verhalten der Raupe in starkem Maße. Sie ist nun wie die anderen Schmetterlingsraupen auch in der Lage, über das feine Röhrensystem (Tracheen), das in den Körper hineinführt, die Luft bis in die feinsten Verästelungen zu bringen und ihre Aktivität zu steigern. Denn jetzt hängt die Versorgung nicht mehr allein von der Ausbreitungsgeschwindigkeit des im Wasser gelösten Sauerstoffs ab.
Die Raupe schwimmt nun umher, sucht neue Blätter und kann auch unter die Wasseroberfläche hinabkriechen. Dort erfolgt, wie schon ausgeführt, die Verpuppung.
Wenn wir Raupen der 1. Generation im Mai eingetragen und untersucht haben, so schlüpfen die Falter im Juni. Jungraupen des hydrophilen Zustandes gibt es von Mitte Juni bis Anfang Juli, dann haben sie auf den luftatmenden, hydrophoben Zustand umgestellt. Sie verpuppen sich Ende Juli und im August fliegen die Falter der 2. Generation. Paarung, Eiablage und Entwicklung der ersten Raupenstadien vollziehen sich wie bei der vorausgegangenen Generation. Aber die Umstellung zur Luftatmung läßt auf sich warten. Die Raupen wandern im September an den Stengeln der Wasserpflanzen hinab, wenn sie noch kaum einen Zentimeter lang sind. Sie bleiben benetzbar. In etwa 30 bis 40 cm Tiefe bohren sie sich in den Stengel ein, beißen einen schmalen Sack frei und liegen darin mit nach unten gekrümmtem Vorderende völlig ruhig. Die beim Einbohren gefertigte Öffnung wird nicht verschlossen. So erhält die Raupe einerseits immer etwas Frischluftzufuhr durch das Leitungssystem der Pflanze, andererseits bleibt auch ein gewisser Wasseraustausch vorhanden. Die Raupe gibt keinen Kot mehr ab und regt sich kaum. Die Wassertemperaturen im Freiland sind mittlerweile unter 10 °C gesunken. Die Überwinterung beginnt. Auch wenn sich eine dicke Eisdecke bildet, so erreicht ihre Stärke meist die überwinternden Raupen nicht, weil sie tief genug hinabgekrochen sind. Doch auch ein kurzzeitiges Einfrieren würde nicht viel ausmachen. Die Raupen dürfen nur nicht in jene Zone in Bodennähe kommen, in der die Fäulnisprozesse den Sauerstoff ganz aufbrauchen und giftigen Schwefelwasserstoff freisetzen. So überwintern sie!
Steigen im Frühjahr die Wassertemperaturen wieder auf 8 bis 10 °C an,

verläßt die Raupe ihren Überwinterungsplatz, kriecht aus und an den inzwischen herangewachsenen, neuen Blättern empor. Meist haben diese die Wasseroberfläche noch nicht erreicht, wenn die Raupe wieder mit dem Fressen beginnt. Da sie noch immer benetzbar ist, macht dies auch nichts aus. Erst wenn die Blätter die Oberfläche erreicht haben und die Wachsschicht ausbilden, kann sie sich auf die Häutung zum wasserabstoßenden Stadium vorbereiten. In diesem Zustand hatten wir sie Mitte Mai gefunden. So schließt sich der Jahreszyklus des Seerosenzünslers, dessen merkwürdiges Leben wir beobachten können, ohne daß ein großer Aufwand an Geräten oder Hilfsmitteln notwendig wird.
Wir können sogar einen weiteren Versuch anschließen, der zeigt, daß die wasserabstoßenden Substanzen tatsächlich von der Oberseite der Schwimmblätter stammen. Die Raupen des Seerosenzünslers sind nämlich in ihrer Nahrungswahl wenig spezialisiert. Sie nehmen nahezu alle Pflanzen, wenn sie nur flächig ausgebildete Blätter besitzen. Im Aquarium lassen sie sich mit Salat füttern. Der enthält normalerweise zu wenig von den wasserabstoßenden Wachsen. Füttert man alte Raupen mit luftgefüllten Köchern mit solcher Nahrung, verlieren sie nach einigen Tagen ihre Schutzschicht und werden wieder vom Wasser benetzt.
Der Seerosenzünsler bewohnt die Zone der Schwimmblätter auf unseren Gewässern. Stärkere Strömung verträgt er nicht, aber in langsam fließenden Wasser kann er sich noch halten. Am liebsten scheinen ihm stehende Kleingewässer zu sein, die nicht so sehr den starken Winden ausgesetzt sind, wie die großen Seen.

Andere Wasserschmetterlinge
Wenn wir Glück haben, finden wir an unserem Teich noch weitere Arten von Wasserschmetterlingen. An Wasserlinsen, besonders gerne an der großen Teichlinse *(Spirodela polyrhiza),* lebt der Teichlinsenzünsler *(Cataclysta lemnata).* Die Raupen dieses Wasserschmetterlings basteln sich kleine Köcher aus Wasserlinsen. Im dichten Belag von »Entengrütze« sind sie nur schwer ausfindig zu machen. Man muß schon gründlich suchen! Schneller erkennt man ihr Vorkommen am Verhalten der Männchen. Sie beginnen mitunter schon am frühen Nachmittag, wenn der Teich gut beschattet ist, mit dem Suchflug über der Wasseroberfläche. Sie fallen dabei durch ihre weiße Färbung auf. Erst wenn man sie im Netz hat und die Hinterflügel ansehen kann, bemerkt man die Reihe stahlblauer, weiß gekernter Punkte, die *Catacly-*

Der Uferzünsler *(Nymphula stagnata)* dringt am wenigsten ins Wasser vor. Seine Raupen minieren in Igelkolben.

sta kennzeichnen. Bei den Weibchen sind die Flügel oberseits schilfbräunlich. Sie fliegen wenig. Meist ruhen sie auf Stöckchen, die etwas über den Wasserlinsenbelag hinausragen. Gegen Abend oder bei nicht sehr sonnigem Wetter auch nachmittags stülpen sie an der Hinterleibspitze ein Duftorgan aus, welches den Lockstoff verströmt.
Die kleine *Cataclysta* läßt sich im Aquarium noch leichter als der Seerosenzünsler halten. Dennoch gibt es noch viele offene Fragen in ihrer Lebensweise.
Der nächste Verwandte des Seerosenzünslers ist der Uferzünsler *(Nymphula stagnata).* Diese Art zeigt den Übergang vom Land zum Wasser. Die Raupen minieren in Igelkolben und anderen Ufergewächsen. Sie schneiden sich rundliche Stengelstücke ab, fressen sie aus und können damit bis an die Wasseroberfläche zur Nahrungssuche hinabkriechen. Insgesamt verbringen sie aber viel weniger von ihrer Raupenzeit am und im Wasser. Das tun die beiden folgenden Arten um so mehr. Bei ihnen sind die Anpassungen an das Wasserleben am weitesten gediehen.
An den Unterwasserpflanzen leben die Raupen des Krebsscherenzünslers *(Parapoynx stratiotata).* Wiederum trifft der Name nicht ganz zu, denn diese Art lebt viel mehr an Tausendblatt *(Myriophyllum)* und Hornkraut *(Ceratophyllum),* als an der ziemlich seltenen Wasseraloe oder Krebsschere *(Stratiotes aloides).* Im Gegensatz zu den Raupen der anderen Wasserschmetterlinge, die in Mitteleuropa vorkommen, besitzen jene des Krebsscherenzünslers richtige Tracheenkiemen. Am ganzen Körper entlang bilden diese Raupen fein verästelte Anhängsel aus, die ins Wasser hinausragen und innen von den Endverzweigungen des Tracheensystems durchzogen sind. Ähnlich wie bei den Kiemen der Fische vollzieht sich an ihnen der Gasaustausch: das Kohlendioxid aus dem Stoffwechsel wird nach außen abgegeben und der Sauerstoff wird aus dem Wasser aufge-

nommen. Die Häutchen an den Kiemen sind so fein, daß die Gase ungehindert hindurch können. Die Raupe verstärkt bei knappem Sauerstoffgehalt des Wassers diesen Austausch durch schlängelnde Körperbewegungen. Sie kann deshalb natürlich keinen Köcher brauchen. Sie lebt nur in einem sehr lokkeren, für das Wasser frei durchlässigen Gespinst an den Trieben der Unterwasserpflanzen. Bei aufmerksamer Suche findet man sie dort. Die Stellen, an denen die Raupen sitzen, fallen durch abgenagte Blättchen auf. Die Verpuppung erfolgt auch unter Wasser in einem dichten Gespinst (Kokon). Woher die Puppe den notwendigen Sauerstoff bekommt und wie der schlüpfende Schmetterling die Luftblase erhält, die ihn an die Oberfläche trägt, ist noch unbekannt.
Tracheenkiemen tragen normalerweise die Larven der Köcherfliegen. Verständlicherweise hielt man die Raupen des Krebsscherenzünslers daher lange Zeit für Köcherfliegenlarven. Erst die genaue Untersuchung zeigt, daß sie – abgesehen von den Kiemen – einen ganz normalen Bau des Raupenkörpers aufweisen. Mit der Bildung der Tracheenkiemen löste der Krebsscherenzünsler das Problem der Sauerstoffversorgung auf eine andere Weise als der Seerosenzünsler, der vom benetzbaren zum unbenetzbaren Zustand des Raupenlebens wechselt.
Den Schmetterlingen selbst würde man nicht anmerken, welch interessante und ungewöhnliche Lebensweise hinter ihnen liegt. Die Anpassungen und Umwandlungen betreffen nur die Raupen- und Puppenstadien.
Bei der letzten Wasserschmetterlingsart, die hier behandelt werden soll, haben die Anpassungen sogar auf das Schmetterlingsstadium übergegriffen. Es handelt sich um eine winzig kleine Art namens *Acentropus niveus (Acentria nivosa),* die keinen deutschen Namen

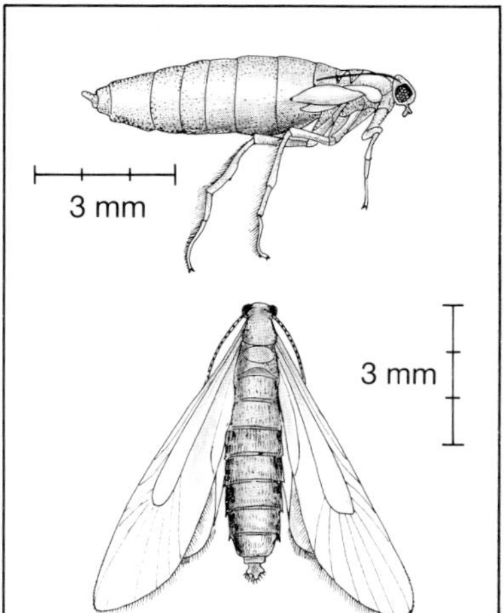

Normales und stummelflügeliges Weibchen des Wasserschmetterlings *Acentria nivosa (Acentropus niveus).* Zu beachten sind die »Schwimmborsten« an den Beinen.

bisher bekommen hat. Man war sich nicht einmal sicher, ob es sich um einen Schmetterling oder um eine Köcherfliege bei ihr handelt. Inzwischen ist dies geklärt: *Acentria nivosa* ist ein Schmetterling, und zwar ein ganz ungewöhnlicher. Seine Raupen leben ähnlich wie die ersten Stadien des Seerosenzünslers in untergetauchten Wasserpflanzen. Bevorzugt werden Wasserpest *(Elodea canadensis)* und Laichkrautarten *(Potamogeton)* ohne Schwimmblätter. Das ganze Raupenleben vollzieht sich hier im Wasser. Auch die Verpuppung findet dort, an Stengeln, statt. Aus den Puppen können aber – das ist das ganz besondere – 2 unterschiedliche Formen von Weibchen hervorkommen. Die einen sind wie die Männchen geflügelt und über-

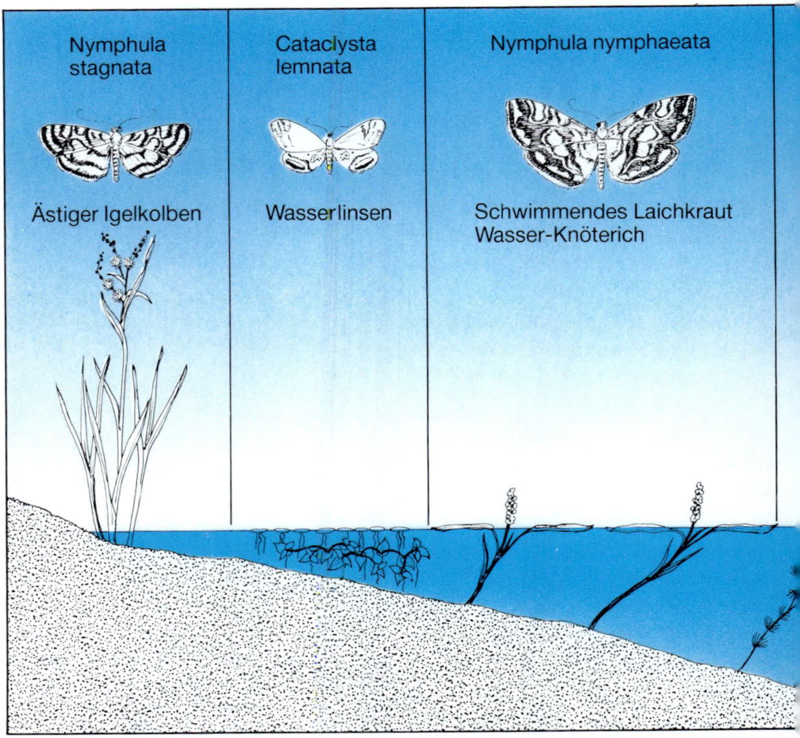

treffen diese deutlich an Flügellänge und Körperdicke. Die anderen sind kaum als Schmetterlinge zu erkennen. Sie tragen nämlich anstelle der Flügel nur kurze, stummelartige Gebilde, die wie Ruderblättchen funktionieren. An den Beinen, besonders am hinteren Paar, tragen sie lange Borstensäume, die ebenfalls zum Rudern geeignet sind. Damit schwimmen sie unter Wasser umher; »fliegen« gleichsam unter Wasser mit den zurückgebildeten Flügeln! Sie verlassen im Gegensatz zu den Männchen das Wasser nicht mehr. Zur Begattung strecken sie nur die Spitze des Hinterleibs durch die Wasseroberfläche und warten, bis ein Männchen ankommt, das vom ausgesandten Duft angelockt wurde. Das Männchen bleibt über der Wasserober-

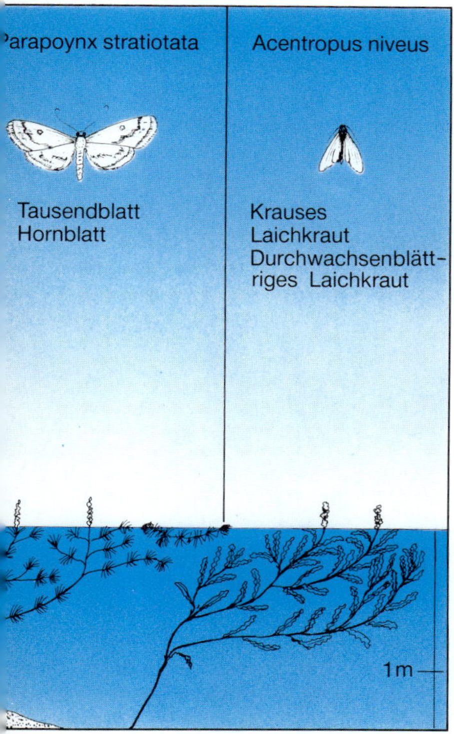

Ökologische Einnischung der Wasserschmetterlinge Mitteleuropas
Verteilung der Arten auf die verschiedenen Tiefenzonen von stehenden Gewässern und die dort vorkommenden, standorttypischen Pflanzen, die den Raupen als Futter dienen. Da die Wasserpflanzen in ihrem Wuchs an die unterschiedliche Wassertiefe gebunden sind, kommen sie jeweils nur in bestimmten Uferbereichen vor (unten). Die Wasserschmetterlinge sind nun ihrerseits an die Futterpflanzen gebunden und deshalb ebenfalls auf einen bestimmten Uferbereich beschränkt (oben). Sie gehen sich sozusagen räumlich – ebenso wie die Pflanzen – und ernährungsmäßig »aus dem Wege«, können also einen Biotop optimal unter Vermeidung von allzu großer Konkurrenz nutzen.
Die am weitesten fortgeschrittenen Anpassungen finden sich bei *Acentropus niveus* und *Parapoynx stratiotata,* bei der die Raupen Tracheenkiemen tragen.

fläche, das Weibchen darunter! An der Grenze vollzieht sich die Paarung. Danach kriecht das Weibchen ins Wasser zurück und sucht eine geeignete Stelle für die Eiablage. An starken Winden ausgesetzten Seen, beispielsweise in Dänemark, wo diese höchst merkwürdige Lebensweise untersucht worden ist, herrschen diese stummelflügeligen Weibchenformen vor. In windärmeren Gebieten, etwa im Alpenvorland sind sie selten oder fehlen ganz. Dann treten nur normal geflügelte Weibchen auf, die über Wasser die Paarung vollziehen und danach mitsamt den Flügeln ins Wasser hinabsteigen, um die Eier abzulegen. Der Verlust der Flugfähigkeit scheint in engem Zusammenhang mit der Windhäufigkeit zu stehen. Für diese winzigen Wasserschmetterlinge, die selbst nicht in der Lage sind, gegen den Wind anzufliegen, bedeutet die Ausbildung der Flügel die Gefahr, verdriftet zu werden. Für die Weibchen ist dies besonders bedrohlich, weil sie ja die Eier ins Wasser absetzen müssen, um sich erfolgreich fortzupflanzen. Andererseits bedeutet der Verlust der Flugfähigkeit auch, daß solche Weibchen keine neu entstandenen Gewässer mehr besiedeln können. Der Vorteil der Unempfindlichkeit gegen Wind paart sich daher mit dem Nachteil der Einschränkung des Ausbreitungsvermögens der Art. Diese hat daher nirgends Bestände mit ausschließlich stummelflügeligen Weibchen entwickelt. Stets bleibt ein gewisser, gebietsweise unterschiedlicher Anteil der Weibchen flugfähig.
Die Wasserschmetterlinge führen uns vor Augen, wie sich die Anpassung einer Gruppe an einen neuen Lebensraum vollzieht. Die heimischen Arten zeigen alle Übergänge von uferlebenden bis streng wassergebundenen Formen. Ihre Anpassungen stellen Lösungsmöglichkeiten des Überlebensproblems dar, denen wir mit geringem Aufwand nachspüren können. In den Tropen gibt es noch erheblich weiter reichende Anpassungen. Aber das, was wir hier in Mitteleuropa finden und beobachten können, dürfte faszinierend genug sein, um zu verstehen, wie eine bislang unbesetzte »ökologische Nische« besetzt und erobert wird.

Gespinstmotten

Die Wasserschmetterlinge zeigten uns die Anpassung an besondere Umweltbedingungen, die »ökologische Einnischung« von Arten. Es sind dies Überlebensstrategien! Bei ihrer Beobachtung haben wir Häufigkeitsänderungen, die »Populationsdynamik« nicht näher beachtet. Die Einwirkungen von Feinden

Die Raupen der Traubenkirschen-Gespinstmotte haben diese Bäume kahl gefressen und völlig mit einem seidenartigen Gespinst überzogen.

oder ungünstigen Witterungsbedingungen spielen sich bei ihnen zu sehr im Verborgenen ab. Das Aquarium verschafft hervorragende Einblicke in den Ablauf der Lebenszyklen. Es eignet sich aber nicht, um größere Veränderungen der Häufigkeit zu studieren, wie sie unter Freilandbedingungen immer wieder auftreten. Hierfür suchen wir eine andere Gruppe von Kleinschmetterlingen aus, die sich gerade in dieser Hinsicht besonders gut beobachten läßt: die Gespinstmotten.

Die Lebensweise

Mitten im Frühling, meist gegen die zweite Maihälfte, findet man in Auwäldern oder entlang von Bachläufen mitunter Bäume, die über und über von silberweißen Gespinsten bedeckt sind. Beobachtet man diese Bäume weiter, so bemerkt man, daß sich die Gespinste so verdichten, daß sie schließlich den ganzen Baum überziehen, den Stamm bedecken und bis zum Bodenbereich ausstrahlen. Gleichzeitig verschwinden die Blätter immer mehr, bis schließlich keine mehr übrig sind. Der Baum ist völlig kahl gefressen worden.

Zumeist handelt es sich dabei um die in Auwäldern und Flußniederungen häufige Traubenkirsche *(Prunus padus)*. Aber auch Büsche von Weiß- oder Rotdorn *(Crataegus)* können eingesponnen und kahl gefressen werden. Ähnliche Gespinste, die aber nie so dicht werden, findet man auch bei Apfelbäumen an den Zweigspitzen. Die Verursacher sind Raupen von Gespinstmotten der Familie *Yponomeutidae*. Sie gehören ebenfalls zu den Kleinschmetterlingen.

Die Lebensweise einer Art, der

Mit dem Austrieb der Traubenkirsche *(Prunus padus)* haben auch die noch winzigen, frisch geschlüpften Raupen der Gespinstmotte mit dem Fressen begonnen.

Traubenkirschen-Gespinstmotte *(Yponomeuta evonymellus)* soll nun näher untersucht werden. Dazu holen wir uns im April Triebe von Traubenkirschen, die an der Spitze ein kleines Raupennest tragen. An ihnen läßt sich nun zu Hause beobachten, was draußen in großem Stil passiert.

Zunächst sind die Gespinste noch locker und durchsichtig. Die kleinen Räupchen halten sich ziemlich dicht zusammen. Am Körper tragen sie kleine schwarze Flecken auf gelblichem oder grünlichem Grund. Sie befressen die zarten, gerade heranwachsenden Blätter der Traubenkirsche. Bereits ausgebildete, größere verschmähen sie zunächst. Dabei vergrößern und verdichten sie ihr Wohngespinst, in dem sich auch ihr Kot ansammelt. Ist ein Trieb von der Spitze her abgefressen, wandern sie zum nächsten ab. Das geschieht ziemlich gut koordiniert und die Raupen bleiben zusammen. Sie spinnen ein neues »Zelt«, das sie vor Regen oder stärkerem Wind schützt. Mit empfindlichen Thermometern kann man zeigen, daß die Temperatur im Gespinst um 1 bis 2 °C über der Außentemperatur liegt.

Kommt es im April zu späten Frösten oder zu Schneefall, so sind die jungen Räupchen an den Trieben außerordentlich gefährdet. Während die Entwicklung der eingeholten, unter Zimmertemperaturen gehaltenen ungebremst weitergeht, entsteht draußen eine mehr oder minder starke Verzögerung, je nachdem, wie lange die kalte Witterung andauert.

Wenn die Raupen etwa 1 Zentimeter lang geworden sind, steigert sich ihr Appetit ganz beträchtlich. Die jungen Triebe befressen sie nun so schnell, daß sie alle paar Tage weiter müssen, um die nächsten zu erreichen. Mit dem Heranwachsen verschmähen sie auch die größeren Blätter nicht mehr. Sie fressen alle ab, ob groß oder klein, denn ihre

Kiefer sind dazu stark genug. Allmählich überzieht ihr Gespinst den ganzen Zweig. Die Zucht daheim benötigt regelmäßige Nachfütterung, denn der Zweig kann nicht mehr genügend Blätter nachtreiben.
Sind die Raupen gut 2 Zentimeter lang geworden, läßt ihre Aktivität nach. Sie rücken zusammen und stellen sich in der Mitte ihres letzten Wohngespinstes senkrecht. In dieser Position spinnen sie sich ein. Bald befindet sich Kokon an Kokon. Die letzten Raupen, die sich verpuppen, umhüllen die vorherigen noch mit weiteren Gespinsten. War die Zucht gut verlaufen und hatte sie alle Raupen vollständig ernähren können, wird sich auch die letzte Raupe noch verpuppen und dem Kokonhäufchen anschließen. Etwa 14 Tage Puppenruhe dauert es nun, bis die Schmetterlinge schlüpfen. Sie sind sehr schlank und tragen 5 feine Reihen schwarzer Punkte auf den silbrigglänzenden Flügeln. Bei Berührung hüpfen sie schnell weg. Auffliegen vermeiden sie, so weit es möglich ist. Sie versuchen sich durch schnelles Wegspringen, Laufen oder Fallenlassen in Sicherheit zu bringen.
Öffnen sie dennoch die Flügel, so sieht man, daß die Hinterflügel, die in Ruhestellung von den Vorderflügeln völlig zugedeckt werden, zart rauchschwarz gefärbt sind.
Bis zur Paarung dauert es noch eine Weile. Selbst in einem geräumigen Flugkäfig wird man einige Tage darauf warten müssen. Männchen und Weibchen lassen sich relativ leicht unterscheiden. Die Weibchen sind durchschnittlich größer. An der Spitze des Hinterleibes befindet sich bei ihnen ein scheibenförmig geöffneter, gelblicher Bereich, der dann gut sichtbar wird, wenn man den Schmetterling in Rückenlage bringt. Das tun sie beim Sich-tot-stellen oft.
Die etwas kleineren Männchen tragen an der Spitze des Hinterleibes einen äußerlich an 2 Klappen er-

In dichten Knäueln ballen sich die älteren Raupen am leergefressenen Zweigende zusammen.

Im bodennahen Gespinst sind noch die letzten Hungerraupen am Werk. Sie werden die bereits verpuppten Tiere weiter einspinnen und so zusätzlich zu deren Schutz, insbesondere gegen Parasiten, beitragen.

kennbaren Klammerapparat, der sich bei zartem Druck auf den Hinterleib öffnet. Färbung und Zeichnung der Flügel sind gleich. Sie stellen offenbar für viele Singvögel eine Warnzeichnung dar, denn sie werden verschmäht. Das rührt sicher von den Inhaltsstoffen der Traubenkirsche her, die sie aus dem Raupenstadium mitbekommen haben. Die Falter bleiben daher ganz offen sitzen, wenn sie draußen an ihren Futterbäumen schlüpfen. Sie hüpfen nur bei Berührung in die Vegetation hinab.

Der Kahlfraß an Bäumen

Verlief das Frühjahr warm und trokken, so zeigen sich bald deutliche Unterschiede zwischen den Zuchten und den freilebenden Raupen. Während bei den Zuchten, vorausgesetzt sie wurden gut gefüttert, die Entwicklung normal verläuft, setzt draußen bei starkem Befall der Traubenkirschen Nahrungsverknappung ein. Die Raupen laufen nun viel mehr umher, spinnen unentwegt alle Teile des Baumes ein und fangen an, sich abzuseilen, wenn die Krone kahlgefressen ist. Die Bäume ragen alsbald wie silberweiße Gerippe empor. Sie sind völlig blattlos und total eingesponnen. Das Gespinst, das sie überzieht, kann so fest werden, daß man Mühe hat, es aufzureißen. Schnekken, die am Stamm hochgekrochen sind, werden mit eingesponnen. Wir fanden sogar einmal einen Hochsitz, der an einem Traubenkirschenbaum aufgestellt war. Die Raupen hatten ihn nach dem Kahlfraß kurzerhand auch mit eingesponnen. Zu Tausenden seilen sie sich nun ab oder kriechen die Stämme herunter. Die dicken Kopfkapseln zeigen, daß es sich um Hungerraupen handelt. Denn normale, gut genährte Raupen würden einen dickeren Körper als die Kopfkapselbreite aufweisen. Die größten Raupen sind die ersten, die aus der Krone herabkommen. Manche versuchen noch, an den benachbarten Stämmen hochzuklettern. Sie überprüfen, ob es sich um die Futterpflanze handelt oder nicht. Die Traubenkirschen stehen meist einzeln oder als Stockausschläge in kleinen Gruppen beisammen. Die angrenzenden Arten, wie Erlen oder Silberweiden, bleiben von den Gespinstmottenraupen völlig unbeachtet. Selbst wenn sich durchdringende Kronen anderer Bäume mit eingesponnen werden, passiert diesen nichts. Die Raupen der Traubenkirschen-Gespinstmotten verhungern eher, als daß sie an Erlen oder Weiden fressen würden. Sie sind hochgradig spezialisiert und können nur an

Die jungen Traubenkirschen sind zwar völlig kahl gefressen, doch sie werden wieder austreiben. Andere Bäume bleiben verschont, denn die Gespinstmottenraupen verschmähen sie.

An dieser größeren Traubenkirsche haben die Raupen den Hochsitz gleich mit eingesponnen, als sie sich verpuppten. Nur bei sehr starken Massenvermehrungen kommt dies vor.

den Traubenkirschen leben. Die Schutzstoffe des Baumes, die man beim Zerreiben der Blätter sofort riecht, machen ihnen nichts aus. Andere Baumarten wären für sie tödlich. Man kann die Raupen zu Hause diesem Experiment unterwerfen und ihnen anderes Futter vorsetzen. Das Ergebnis wird stets das gleiche sein: die Raupen von *Yponomeuta evonymellus* verhalten sich streng monophag!
Der Artname »evonymellus« rührt übrigens von einer Verwechslung her. An Pfaffenhütchen *(Evonymus)* leben zwar auch Gespinstmotten, aber eine andere Art. *Yponomeuta evonymellus* frißt nur an Traubenkirschen!

Die Traubenkirschen-Gespinstmotte *(Yponomeuta evonymellus,* Abb. in natürlicher Größe) trägt 5 feine Punktreihen.

Die Waldbesitzer haben daher nichts zu befürchten: Es wird von den Gespinstmotten keine Kalamität ausgehen, welche den ganzen Wald bedrohen könnte. Nur die Traubenkirschen werden befallen. Und dies in manchen Jahren so sehr, daß Ende Mai/Anfang Juni praktisch kein Blatt mehr übrig bleibt. Gehen sie daran zugrunde? Das tun sie nicht. Im Gegenteil. Sie zeigen erstaunlich wenig Reaktion auf diesen Kahlfraß. Denn schon nach 10 bis 14 Tagen treiben sie eine neue Blattgeneration. Inzwischen sind alle Gespinstmottenraupen, die dazu noch in der Lage waren, längst verpuppt. Die anderen sind eingegangen, verhungert.
Mit der Vernichtung der 1. Blattgeneration wurden alle anderen Konsumenten, die von den Blättern zehrten, vernichtet. Ihnen entzogen die Raupen der Gespinstmotten die Nahrung. Die 2. Blattgeneration kann nun schnell und ohne nennenswerte Verluste an andere Nutzer nachgetrieben werden und das wieder zum Teil aufholen, was durch den Ausfall der 1. Generation verloren ging. Mitte bis Ende Juni stehen die Traubenkirschen wieder im Auwald, so als ob überhaupt nichts geschehen wäre. Nur die silbrigen Gespinste an den sonst dunklen Stämmen verraten, was sich noch ein paar Wochen vorher hier abgespielt hatte.
Die Traubenkirschen kommen daher mit dieser Raupenkalamität durchaus zurecht. Vielleicht bleiben sie insgesamt im Wachstum etwas zurück und können von den Erlen übergipfelt werden. Denn Traubenkirschen bilden zumeist nur lokale Gruppierungen, aber keine ge-

Noch sind die Puppen nicht geschlüpft, da treiben die Traubenkirschen wieder durch die Gespinste aus. Sie haben den Kahlfraß überlebt und werden im zweiten Trieb ergrünen, als wäre nichts geschehen.

schlossenen Bestände. Wenn sie in einem Kahlschlag im Auwald wieder aufwachsen, sind sie schneller und früher erholt, als die Erlen. Kaum sind sie aber gut 1 Meter hoch geworden, beginnt der Befall mit den Gespinstmotten, der sie im Wachstum zurückhält und den Erlen die Chancen gibt, den Bestand aufzubauen und zu schließen. Es mag daher durchaus sein, daß die Traubenkirschen durch die Gespinstmotten zum »Unterwuchsbaum« geworden sind. Überleben kann die Art aber ohne weiteres und sie produziert sogar ein festeres Holz als die Erlen.

Ein Gespinst als Schutz vor Parasiten

Doch zurück zu den Raupen. Während der massiven Futterverknappung hatten sie sich abgeseilt und in dichten Klumpen am Fuß der Stämme angesammelt. Tausende von Raupen wälzen sich in dicken Knäueln zusammen und fangen an, sich einzuspinnen. Unglaubliche Massen sind es, die von einer einzigen Traubenkirsche mittlerer Größe herunterkommen. Manche Klumpen sammeln sich in einer Nische oder Gabelung am Hauptstamm, andere im hohen Gras oder Krautwuchs unter dem Baum. Der Boden ist übersät von den Kotballen der Raupen. Die Raupen spinnen sich nun ein Dach in der Vegetation oder befestigen dichte Gespinste am Stamm. Dann beginnt die Verpuppung. In den gleich dichten Massen, in denen die Raupen lagen, drängen sich die Puppen zusammen. So fest, daß man später die Gespinste nur mit kräftigen Pinzetten auseinanderziehen kann. Ein einziges Knäuel von Puppen kann weit über Tausend Stück beinhalten. Faustgroße Massen sind die Regel, aber es kann noch zu

In unglaublich dichten Massen verpuppen sich die Raupen an geeigneten Stellen, wie hier unter dem Querholz des auf S. 125 gezeigten Hochsitzes. Die Puppen werden von den Hungerraupen noch stärker eingesponnen.

3–4 mal größeren Ansammlungen kommen.
Erstaunlicherweise werden diese Puppenknäuel von außen fest zugesponnen – und zwar genau von jenen Raupen, die schon zu schwach sind, sich selbst zu verpuppen. Diese Hungerraupen besorgen die letzte Absicherung der anderen, besser ernährten, die sich noch rechtzeitig verpuppen konnten. Schicht auf Schicht legen sie ein dichtes Gespinst darüber. Undurchdringlich wird es für Feinde, wie etwa die Schlupfwespen, die so viele andere Raupen und Puppen parasitieren. Die noch größeren Raupenfliegen haben überhaupt keine Chancen hineinzukommen.
Was veranlaßt die Hungerraupen zu diesem Verhalten? Fast sieht es aus, als ob sie den anderen dadurch zusätzlichen Schutz verschaffen würden. Das ist in der Tat der Fall. Wir können dies selbst überprüfen:
Wir holen Stücke aus diesen eingesponnenen Puppenmassen in Zuchtgläser ein und stellen fest, wie viele davon erfolgreich schlüpfen und welcher Anteil parasitiert wurde. Zum Vergleich wählen wir eine andere Gespinstmottenart, bei der nur lockere Gespinste erzeugt werden und die dieses Gemeinschaftsverhalten nicht zeigt. Dies kann beispielsweise die an den Enden der Weidentriebe fressende Weiden-Gespinstmotte *(Yponomeuta rorellus)* sein. Auch schwach ausgebildete, kleine Gespinste der Traubenkirschen-Gespinstmotte eignen sich für den Vergleich.
Das Ergebnis wird natürlich von Fall zu Fall etwas unterschiedlich ausfallen. Aber im Grunde stimmt es überein. Die aus dicht geballten Kokonmassen schlüpfenden Schmetterlinge erreichen viel höhere Schlüpferfolge als die anderen. Bei denen kann allein durch Parasitierung ein Viertel oder sogar die Hälfte aller Puppen betroffen sein. Bei Massenzuchten aus dichten Gespinsten erzielten wir sehr geringe Parasitierungsraten von weniger als

Eine Schlupfwespe sticht ihren Legebohrer in freigelegte Kokons von Gespinstmotten. Nur die äußeren Puppen können auf diese Weise parasitiert werden, nicht aber die Massen im Inneren der Gespinste.

Frisch geschlüpfte Falter der Traubenkirschen-Gespinstmotte findet man im Juli. Mitunter schwärmen sie in riesigen Mengen, wenn keine Spätfröste die Raupen dezimierten.

1% (!). Das zeigt den Vorteil der dichten Gespinste.
Hat man aber draußen bei der Entnahme einer Probe für die Zuchten ein Gemeinschaftsgespinst geöffnet und die Puppenhüllen (Kokons) freigelegt, so wird man bald feststellen können, daß sich Schlupfwespen dafür interessieren (Abb. oben). Sie stechen mit ihrer Legeröhre durch das dichte Gespinst des Kokons und legen ein Ei in die Puppe. Aus diesem schlüpft sehr schnell eine beinlose Made, die die Puppe von innen ausfrißt, sich selbst darin verpuppt und etwas später als die Schmetterlinge schlüpft. Auch Raupenfliegen machen sich daran zu schaffen und legen ihre Eier an den Puppenhaufen ab. Sie ähneln einer Stubenfliege, fallen aber durch ihr intensives Suchen an den Kokons auf.
Bei Massenvermehrungen eines Insekts vermehren sich auch dessen Parasiten besonders stark. Diese Feststellung gilt zwar in der Regel, aber in unserem Falle kann sie den Kahlfraß dennoch nicht verhindern. Denn der erfolgte ja schon vor der Parasitierung der älteren Raupen und der Puppen. Erst im nächsten Jahr kann sich die Parasitierung auswirken. Die weitere Beobachtung wird zeigen, ob dies in den Folgejahren tatsächlich eintritt.

Der Einfluß von Fruchtbarkeit und Witterung auf die Population

Häufig wird die Massenvermehrung dieser Gespinstmotte aber auf ganz andere Weise abgebremst oder zum Zusammenbruch geführt. Die Ursachen liegen zum Teil in der Massenvermehrung selbst, zum Teil sind sie unabhängig von ihr. Man bezeichnet sie als »dichte-abhängige« und »dichte-unabhängige« Bestandskontrolle.

Dichte-abhängig erweist sich, auch das können wir unseren Zuchten entnehmen, die Fruchtbarkeit der Weibchen. Denn aus den Hungerzuchten der Massenvermehrung schlüpfen Weibchen, die deutlich kleiner als normale ausfallen. Die Körpergröße ist um rund ein Drittel geringer als bei normalen Weibchen. Auch die Männchen zeigen eine verminderte Körpergröße um etwa 25%. Das zeigt folgendes Beispiel:

Körperlänge	Männchen	Weibchen
Normalzuchten	9,9 mm	10,2 mm
Hungerzuchten	7,3 mm	6,7 mm

Diese kleinen Weibchen verfügen über erheblich weniger Nährstoffvorräte für die Ausbildung der Eier als normale. Die Fruchtbarkeit ist daher in den Hungerzuchten vermindert. Die geschlüpften Weibchen werden aus diesem Grund weniger oder gar keine Eier hervorbringen. Trotz der großen Menge der Schmetterlinge, die erfolgreich geschlüpft sind, wird jedes Weibchen durchschnittlich erheblich weniger Eier legen, als bei gut ernährten.

Die meisten Eier produzieren erwartungsgemäß die Schmetterlinge aus zuerst verpuppten Raupen. Sie können fast normale Fruchtbarkeit aufweisen. Das sind aber jene Raupen, die zuerst aus den Gelegen schlüpften und im Frühjahr als erste mit den Fraß an den ganz jungen Trieben der Traubenkirschen anfingen. Sie waren den anderen voraus! In der Generation des folgenden Jahres werden sie dementsprechend einen besonders hohen Anteil stellen, weil die später geschlüpften zu wenig Eier produzieren konnten und daher viel geringere Beiträge zur Vermehrung leisteten.

Die Folge davon ist, daß die zuerst schlüpfenden nach Massenvermehrungen am besten dran sind. Darin liegt nun die Gefahr. Hatte einerseits die Dichteabhängigkeit der Eiproduktion die Fortpflanzungsrate nach den Massenvermehrungen wegen der schlechten Kondition der Weibchen gesenkt, so greift nun andererseits die dichte-unabhängige Kontrolle ein. Denn es gibt nur selten ein Frühjahr, in dem es zu keinem Spätfrost mehr kommt. Meist treiben die Traubenkirschen Anfang April aus. Mit den Trieben kommen die ersten Jungräupchen aus den frühen Gelegen. Bleiben Spätfröste und Schnee aus, so sind diese auf jeden Fall am besten dran, weil sie den anderen, nach ihnen kommenden Raupen die verfügbare Nahrung wegfressen. Gibt es aber Mitte April wieder eine Kälteperiode, was oft genug der Fall ist, dann sterben die früh geschlüpften. Ein später Schneefall Ende April kann eine Massenentwicklung der Gespinstmotten vollständig stoppen. Nichts deutet dann im Mai darauf hin, daß die Traubenkirschen eigentlich kahl gefressen worden wären, wenn es nicht den verspäteten Schneefall gegeben hätte. Jetzt sind die wenigen spät schlüpfenden Raupen in der günstigeren Ausgangsposition. Sie entgingen Schnee und Frost, können sich ungehindert von den früher geschlüpften Konkurrenten entwickeln und werden Nachwuchs bringen, der wieder etwas später im Frühjahr schlüpft. Die wenigen Überlebenden fallen kaum auf. Man muß ihre kleinen Gespinste geradezu suchen. Die Räupchen darin entwickeln sich kräftig und werden Weibchen liefern, die viele Reservestoffe für die Eibildung besitzen. So regeln dichte-abhängige und dichte-unabhängige Umweltwirkungen die Bestandsentwicklung der Gespinstmotten. Möglichst frühzeitiges Schlüpfen der Raupen im Frühjahr bedeutet die besten Überlebenschancen bei Massenentwicklungen, spätes Schlüpfen dagegen zeitigt den Erfolg bei ungünstiger Frühjahrswitterung. Es geht in einem Jahr kräftig aufwärts, im nächsten kann der Bestand schon wieder ganz gering sein, um im dritten fast zu verschwinden oder kräftig anzusteigen. Stets wirken die Ergebnisse des Vorjahres und die Witterung des gerade laufenden zusammen. Wer die Fruchtbarkeit der Gespinstmotten in Probezuchten überwacht, wird, gute Witterung vorausgesetzt, durchaus brauchbare Prognosen machen können, ob Ende Mai die Bäume kahl dastehen werden oder ob es Anfang Mai zu einer Massenblüte der Traubenkirsche kommt, daß die Aue vom schweren Duft ihrer Blüten ganz erfüllt ist. So ein Beispiel zeigt, wie die Regulation in der Natur funktioniert! Wie falsch wäre es, bei Massenentwicklungen mit Giften einzugreifen. Die Bäume tragen keinen nachhaltigen Schaden davon. Die Gespinstmotten unterliegen genügend Kontrollmechanismen, die verhindern, daß sie über mehrere Jahre Massenvermehrungen mit Kahlfraß

Wenn Spätfröste die kleinen Raupen der Gespinstmotten 2 Jahre hintereinander weitgehend vernichtet hatten, reagieren die Traubenkirschen mit einer starken Blüte. Die Auen sind Anfang Mai dann von ihrem Duft erfüllt.

durchmachen. Denn wenn wirklich über einige Jahre hintereinander Spätfröste ausbleiben sollten, dann greifen ja die Parasiten als Regler ein. Denn sie haben nun ebenfalls die Möglichkeit, sich massenhaft zu vermehren. Dadurch können sie einen immer größeren Anteil der Raupen und Puppen durch Parasitierung vernichten. Die Kontrolle funktioniert und alle an diesem wechselseitigen Kräftespiel beteiligten Organismen werden überleben. Ein Eingriff des Menschen durch Insektizide ist ganz und gar unnötig! Die Gespinstmotten werden der natürlichen Kontrolle nicht entgehen.
Bei vielen anderen sogenannten Schädlingen ist die Situation ganz ähnlich. Erst der Eingriff des Menschen bringt das System außer Kontrolle und macht weitere Eingriffe notwendig. Fälschlicherweise wird dann angenommen, daß die Natur von allein nicht zur Regulation befähigt wäre und der Mensch unbedingt einschreiten müsse, um das Gleichgewicht zu wahren – ein Gleichgewicht, das er durch den ersten Eingriff gestört hatte!

Frostspanner

Das erste Beispiel der Wasserschmetterlinge sollte die Anpassungen an einen für Schmetterlinge ganz extremen Lebensraum zeigen. Das zweite Beispiel der Gespinstmotten wies auf die Bedeutung der Jahreszeit für die Bestandskontrolle hin.
Nun gibt es aber auch Schmetterlinge, die in ihrer Fortpflanzungszeit, also im Falterstadium, auf eine ganz extreme Jahreszeit ausgewichen sind: die Frostspanner. Es handelt sich dabei um eine ganze Gruppe von Spannern *(Geometridae),* deren Puppen gerade dann schlüpfen, wenn die Flugzeit der allermeisten anderen Schmetterlinge längst vorbei ist oder noch nicht begonnen hat; also im Spätherbst oder im Vorfrühling. Die ersten Herbstfröste müssen übers Land gegangen sein, dann gaukeln die Frostspanner durch die nebeligen Novembernächte. Bei Lufttemperaturen zwischen 4 und 8 °C fliegen sie am intensivsten. Die anderen Schmetterlinge, die noch im Herbst geflogen waren, hatten bei Temperaturen um 10 °C ihre Flugaktivität schon stark vermindert und die Winterquartiere aufgesucht. Nun fängt die hohe Zeit der Frostspanner an. Es gibt Arten, die bis in den Dezember hinein fliegen und erst mit kräftigen Nachtfrösten und Wintereinbrüchen ihre Aktivität beenden. Kaum gibt es im Frühjahr wieder die ersten milden Nächte, fängt die Flugzeit der Frühjahrs-Frostspanner an. Die Flugzeiten beider Gruppen setzen sich deutlich von denen der großen Masse der anderen Schmetterlinge ab. Sie markieren eine extreme Nische in der Jahreszeit.
Warum wurde sie von den Frostspannern eingenommen? Warum fliegen sie nicht auch wie die anderen Falter in den milden oder warmen Nächten zwischen April und Oktober?
Versuchen wir doch, ihnen mit der Taschenlampe nachzuspüren, wenn sie im November durch die Gärten geistern. In lichten Eichenwäldern oder Parkanlagen mit Eichenbeständen fliegen sie besonders zahlreich. Es handelt sich ausnahmslos um Männchen und ihr Flug wirkt primitiv. Leicht zu fangende Objekte müßten sie für die insektenfressenden Singvögel und für die Fledermäuse sein. Die sind aber alle längst fortgezogen oder haben ihre Winterquartiere aufgesucht. Kein Freßfeind stellt den Frostspannern in dieser Jahreszeit mehr nach! Sogar die Meisen, die im Sommer viele Insekten gesammelt hatten, interessieren sich nun nicht mehr für sie. Jetzt finden sie nährstoffreiche Samen, die weniger Aufwand bereiten und in den lan-

gen, kalten Winternächten mehr Wärme erzeugen. Mit dem Ausweichen in die ungewöhnliche Jahreszeit entzogen sich die Frostspanner daher den Freßfeinden. Ein großer Vorteil zweifellos, doch reicht er alleine, um die extreme Anpassung zu erklären?
Spüren wir den Frostspannern noch genauer nach. Die Männchen gaukeln in der Abenddämmerung von Baumstamm zu Baumstamm, so als wollten sie daran etwas suchen. Längst gibt es keine Blüten mehr, so daß Nektarsuche nicht in Frage kommt. Jetzt landet eines.

Gemeiner Frostspanner *(Operopthera brumata)*.

Aufgeregt dreht es die Flügel. Im Schein einer Taschenlampe erkennen wir nun genau an der Stelle, an welcher das Männchen gelandet war, einen fast spinnenartig wirkenden Körper, der aber nur drei Beinpaare trägt. Der Hinterleib ist dick angeschwollen. Von den Flügeln keine Spur mehr oder nur noch winzige Stummel, die man leicht übersehen kann. Es handelt sich um ein Frostspanner-Weibchen. Sie sind beinahe nicht zu erkennen, wenn nicht die Männchen mit ihrem Verhalten zeigen würden, daß es sich um Weibchen ihrer Art handelt. Sie haben die Flügel reduziert. Mit ihren langen Beinen können sie zwar ganz gut laufen – aber was nützt dies, wenn ein scharfäugiger Vogel hinter ihnen her wäre. Da würde nur die rasche Flucht durch Abflug helfen. Sie ist aber nicht nötig, da die Singvögel, die sich für solche Insekten interessieren, ins Winterquartier gezogen sind. Auch Raubfeinde aus der Insektenwelt haben sich zum Winterschlaf zurückgezogen. Wenn sie nicht heftige Novemberregen von den Stämmen waschen oder der Winter mit Dauerfrost allzu früh kommt, werden sie unbeschadet überleben können. Auf die Flugfähigkeit können sie verzichten, wenn – und das sind ganz entscheidende Voraussetzungen – ihre Raupen keine besonderen Ansprüche an die Nahrungspflanze stellen und selbst über Möglichkeiten zur Ausbreitung verfügen. Das ist in der Tat der Fall. Die Frostspannerraupen fressen an fast allen einheimischen Laubbäumen. Ihre Räupchen können sich

an einem Faden abseilen und vom Wind verdriften lassen. Für Ausbreitungsmöglichkeiten besteht daher bei den Weibchen kein zwingender Bedarf. Sie können all ihre Energievorräte in die Entwicklung von Eiern stecken. Dazu beziehen sie sogar das Material ein, das sonst zum Aufbau der Flügel benötigt würde. Sie wurden im Laufe der Entwicklung zur Stummelflügeligkeit zu wahren »Eierlegemaschinen«. Die Beine brauchen sie, um an Stellen krabbeln zu können, auf denen die Eier gut plaziert sind. Flügel haben sie nicht mehr nötig.
Das Ausweichen der Frostspanner in die feindarme bis feindfreie Jahreszeit vermindert daher nicht nur den Feinddruck, also die Verluste, die durch Freßfeinde verursacht werden, sondern steigert auch ganz beträchtlich die Fähigkeit zur Eiproduktion bei den Weibchen.
Das machen einige Spinner auch, deren Weibchen so groß und schwer wurden, daß sie nicht mehr fliegen können. Ihre Schlüpfzeit fällt aber ganz normal in den Hochsommer. Nur weil sie durch einen dichten, für die meisten Freßfeinde giftig wirkenden Pelz (umgebildete Schuppen) geschützt sind, können sie es sich leisten, in der Zeit des hohen Feinddruckes zu erscheinen. Wie stark dieser wirkt, haben wir an der Herausbildung der ungezählten Tarn- und Warnmuster auf den Flügeln der Falter erfahren. Die Frostspanner besitzen keine giftigen Haare. Ihre Raupen fressen an ganz jungen Trieben, deren Blättchen viele Nährstoffe aber nur wenige Schutzstoffe enthalten. Sie

Raupe des Großen Frostspanners *(Erannis defoliaria)*.

schmecken daher auch den meisten Vögeln ganz besonders. Frostspannerraupen bilden für viele Singvögel die Hauptnahrung im späten Frühjahr. Manche Singvogelbrut wird tatsächlich mit ihnen großgezogen. Die Falter bekommen auch keine Schutzstoffe aus dem Raupenstadium mit. Sie würden allen Insektenfressern gut schmecken!
Die Frostspanner paaren sich noch vor Beginn des Winters oder unmittelbar danach. Interessanterweise erzielt der Gewöhnliche Frostspanner *(Operophtera brumata)* die

Großer Frostspanner. Das Männchen (oben) ist kenntlich an der kräftig ausgebildeten Binde über die Flügel. Das Weibchen (unten) ist dagegen flügellos.

stärksten Massenentwicklungen. Er fliegt im November und Dezember, in atlantisch-milden Gebieten, wie in England, auch im Januar. Sobald die Eichen, Apfel- oder Birnbäume die ersten Blätter treiben, sind die Räupchen zur Stelle und beginnen mit dem Fraß. In Obstbaumkulturen kann es dabei durchaus zu Schäden kommen, weil die Triebe mit den Blüten gefressen werden. Weil sie so zeitig im Jahr anfangen, entgehen sie dennoch vielen Feinden, die erst später eintreffen. Ähnlich liegen die Verhältnisse beim Großen Frostspanner *(Erannis defoliaria),* der auch im Spätherbst und Frühwinter fliegt. Seine Raupen fressen ebenfalls an allen möglichen Bäumen, besonders an Eichen und Obstbäumen. Der Artname *»defoliaria«* besagt, daß er die Bäume entlaubt! Die Ausnutzung dieser extremen jahreszeitlichen Nische zeigt uns daher, wie solche Schmetterlingsarten recht erfolgreich dem Feinddruck ausweichen können. Das Fortpflanzungsstadium ist von ihrer Kontrolle weitgehend befreit. Treffen günstige Wetterbedingungen ein, kommt es auch zu Massenvermehrungen. Die Obstbauern versuchten daher folgerichtig (aus ihrer praktischen Erfahrung heraus), die Frostspanner in ihrem empfindlichen Lebensabschnitt zu bekämpfen. Sie legten Leimringe um die Baumstämme, an denen die befruchteten Weibchen beim Versuch, zur Eiablage in die Baumkronen zu klettern, kleben blieben. Auf diese Weise verursachten sie eine zusätzliche Sterblichkeit bei den Weibchen, die im Normalfall ausreichte, um die Kulturen vor dem Massenauftreten von Frostspannerraupen im nächsten Frühjahr zu schützen.
Die Stummelflügeligkeit der Weibchen der Frostspanner hat daher eine ganz andere Bedeutung als bei dem Wasserschmetterling *Acentria nivosa.* Aus ihr ziehen die Weibchen den Vorteil, daß sie mehr Reservematerial für die Eibildung benutzen können, während sie beim Wasserschmetterling verhindert, daß die Weibchen von günstigen Wohngewässern durch den Wind verdriftet werden.

Brennesselfalter

An verschiedenen Stellen wurde bereits darauf hingewiesen, daß die Raupen gut bekannter, häufiger Tagfalter an Brennesseln leben. Diese Pflanze stellt daher für manche der schönsten heimischen Falter eine unentbehrliche Nahrungsgrundlage dar. Wer solche Falter in seinem Garten haben möchte, muß also zu den Blüten, die Nektar für die Schmetterlinge liefern, bei-

Raupe vom Kleinen Fuchs *(Aglais urticae).*

Die Raupen des Kleinen Fuchses halten auf ihrer Futterpflanze, der Brennessel, in Gruppen zusammen und fertigen ein dichtes Gespinst.

spielsweise die besonders begehrte Buddleia, einen Horst mit Brennesseln wachsen lassen. Es brauchen keine großen Flächen sein; 1 oder 2 Quadratmeter genügen schon, um Pfauenaugen oder Kleine Füchse zur Eiablage zu veranlassen. Allerdings ist es nicht so, wie wir sehen werden, daß alle Tagfalter, deren Raupen an Brennesseln leben, gleichermaßen die Bestände akzeptieren würden. Jede Art hat ihre bestimmten Präferenzen. So legt der Kleine Fuchs seine Eier vorzugsweise an offen stehenden Brennesselbeständen ab. Man erkennt die Raupen an den gelben Längsstreifen, die sich über den ganzen Körper ziehen.
Das Tagpfauenauge sucht mehr nach beschatteten Brennesselbeständen. Es meidet solche, die voll von der Sonne beschienen werden. Brennesseln unter Buschwerk, an Gebäuderändern oder an verwachsenen Gartenzäunen, besonders aber am Waldrand werden bevorzugt. Noch weiter abgedeckte, unter Baumbeständen wachsende Brennesseln wählt das Landkärtchen für die Eiablage aus. Höchst selten einmal findet man daher die großen, schwarzen, mit weißlichen Punkten übersäten Raupen des Tagpfauenauges mit den kleineren, durch einen seitlichen Längsstrich gekennzeichneten Raupen des Landkärtchens zusammen oder gar

alle 3 Arten im selben Brennesselhorst. Obwohl sie alle die Brennnesseln als Hauptfutterpflanzen wählen (das Tagpfauenauge nimmt mitunter auch Hopfen an), halten sie sich voneinander getrennt. Die Entscheidung treffen die Weibchen bei der Eiablage. Beobachtet man sie, wie sie nach einer geeigneten Stelle suchen, so sieht man, daß sie solche Brennesseln, an denen bereits Raupen der gleichen oder einer anderen Art fressen, vermeiden.

Man kann sie zwar zusammen auf den gleichen Brennesselpflanzen züchten, aber das klappt eben nur dann, wenn nach Bedarf zugefüttert wird. Im Experiment läßt sich dies genauer überprüfen. Man teilt je 5 möglichst gleichaltrigen (oder auch verschieden alten) Raupen von Kleinem Fuchs und Tagpfauenauge eine Portion Brennesseln (2 Stauden) zu und untersucht, welche von beiden Arten schneller die Entwicklung abschließt und zur Verpuppung kommt. Der Ausgang

Weniger gesellig verhalten sich die auf samtschwarzem Grund weißgepunkteten, »dornigen« Raupen des Tagpfauenauges. Auch sie bevorzugen Brennesseln. Die kräftigen Stacheln auf dem Körper schützen die Raupen vor Vögeln, nicht aber vor Schlupfwespen.

der Konkurrenz hängt von den Anfangsbedingungen ab und läßt sich nicht immer klar vorhersagen. Jedenfalls werden solche Versuche zeigen, daß bei knapper Nahrung 2 Arten mit den gleichen Umweltansprüchen nicht miteinander existieren können. Eine wird der anderen überlegen sein und sie verdrängen. Daß dies unter Freilandbedingungen nicht eintritt, dafür sorgen die Verhaltensweisen der Weibchen bei der Wahl des Platzes für die Eiablage. Dafür sorgen aber auch die ziemlich gut getrennten Flugzeiten der 3 Arten, insbesondere von Tagpfauenauge und Kleinem Fuchs, die einander am nächsten kommen. Wenn man in einem bestimmten Gebiet die Falter dieser Arten genau registriert, wird man schnell sehen, daß trotz zeitlicher Verschiebungen von Jahr zu Jahr, die bei der Bildung von Durchschnittswerten die Trennung verwischen, die Flugzeiten ganz gut getrennt bleiben. Die Kleinen Füchse fliegen etwas früher im Jahr. Oft sind sie die ersten Tagfalter, die nach der Überwinterung erscheinen. Sie legen die Eier schon an die ganz jungen, eben erst aufwachsenden Brennesseln ab. Mit 2 bis 3 Wochen Verspätung kommen dann die Tagpfauenaugen. Ihre Hauptflugzeit im Frühjahr ist der April. Jetzt sind auch im Halbschatten schon Brennnesselhorste herangewachsen, an

Die Zeichnung auf der Unterseite der Flügel gab dem Landkärtchen den Namen. Mit ihrem Netzwerk von Linien und Farbflächen erinnert sie auffällig an eine Landkarte (Name!). Die Unterseite trägt diese Zeichnung immer, gleich ob es sich um die Frühjahrs- oder die Sommerform handelt.

die nun die Weibchen ihre Eier absetzen. Um die Wende vom April zum Mai kommen die Landkärtchen, und zwar die Frühjahrsform. Gelb-schwarz gefleckt wirken sie wie eine Kleinausgabe des Kleinen Fuchses. Sie hatten im Puppenstadium überwintert. Die Puppe benötigte mehr Erwärmung, als die Falter von Tagpfauenauge und Kleinem Fuchs, um die Entwicklung zu vollenden und zu schlüpfen. Mittlerweile gibt es auch an den Bachrändern in den Auen und an feuchten Lichtungen in Laubmischwäldern Brennesseln, an denen die Landkärtchen-Weibchen ihre Gelege anbringen können. Die Raupen des Kleinen Fuchses sind schon halbwüchsig! Sie werden so frühzeitig zur Verpuppung und zum Schlüpfen kommen, daß für diese Art im Jahreslauf noch genügend Zeit für eine 2., vielleicht sogar für eine 3. Generation bleibt. Das Tagpfauenauge bringt es nur auf eine. In günstigen Jahren mit warmem Frühjahrswetter schafft es auch 2 Generationen. 2 muß das Landkärtchen zustande bringen, sonst kommt es in seinem sehr engen, auf die Überwinterung der Puppe eingestellten Jahreszyklus in Schwierigkeiten (vgl. S. 18).

Da die Raupen des Tagpfauenauges am größten sind, brauchen sie von allen 3 Arten auch am längsten, bis sie voll erwachsen und verpuppungsfähig sind. Dieser Zeitbedarf bringt es daher mit sich, daß diese Arten problemlos neben- und miteinander im gleichen Gebiet existieren können. Sie teilen sich das Angebot an Brennesseln nach unterschiedlicher Feuchtigkeit des Lebensraumes auf und halten die Flugzeiten ziemlich gut auseinander. Jeder kann das in seinem Beobachtungsgebiet selbst nachprüfen. In gewisse »Unordnung« kommt die jahreszeitliche Einteilung der Flug- und Raupenzeiten nur im Bereich der Städte, wo durch Unterschiede im örtlichen Kleinklima erhebliche Verschiebungen stattfinden können. Es lohnt sich daher auch, zu prüfen, ob in vom Menschen stärker veränderten Lebensräumen die gegenseitige Abstimmung dieser Arten aufrecht erhalten bleibt oder durcheinander gerät.

Kleiner Fuchs, Landkärtchen und Tagpfauenauge sind zwar mit Abstand die häufigsten »Brennesselfalter«, aber keineswegs die einzigen. Auch das Weiß C *(Polygonia c-album)* setzt nicht selten daran seine Eier ab. Doch dies geschieht offenbar nur dann in größerem Umfang, wenn die hauptsächlichen »Brennesselfalter« seltener sind. Salweiden, Hopfen, Haseln, Bergulmen und Johannisbeer- oder Stachelbeersträucher werden von diesem Falter sonst genommen. Eine wichtigere Rolle spielt die Brennessel für den Distelfalter *(Vanessa cardui)*, der als Wanderfalter in jahrweise unterschiedlicher Häufigkeit nach Mitteleuropa einfliegt. Seine Raupen leben außer an Brennesseln auch an Disteln und Hopfen. Auf Brennesseln spezialisiert hat sich der Admiral *(Vanessa atalanta)*, einer unserer schönsten und auffallendsten Großfalter. Wie der Distelfalter kann er nördlich der Alpen nicht dauerhaft leben, fliegt aber nahezu alljährlich in mehr oder minder großen Mengen aus dem Mittelmeerraum ein. Die Weibchen suchen ebenfalls gezielt nach Brennesseln, meiden aber solche, an denen bereits andere Raupen leben, zur Eiablage. Die Eier werden einzeln abgesetzt und die Raupen verhalten sich im Gegensatz zu jenen von Tagpfauenauge und Kleinem Fuchs, in deren Bereiche sie am ehesten kommen, oft einzelgängerisch. Sie leben in eingerollten Brennesselblättern und sind – wie die der anderen Arten auch – sehr stachelig. Ihre Oberseite wirkt verwaschen grauschwarz. Unterseits tragen sie eine gelbliche Zone. Doch bei weitem nicht in jedem tütenförmig gerollten Brennesselblatt werden wir eine Admiralraupe finden. Meist steckt eine unscheinbare, schmutzig graugrüne Raupe darin, die den genannten gar nicht ähnlich sieht. Sie hat auch mit ihnen verwandtschaftlich weiter nichts zu tun, als daß sie einen Schmetterling hervorbringen wird. Es handelt sich um die Raupen von *Eurrhypara urticata* oder von *Sylepta ruralis* aus der großen Gruppe der Kleinschmetterlinge. Wenn wir eine dieser Raupen bis zum Falter züchten wollen, müssen wir uns mit mehr Geduld wappnen, als bei Admirälen und Tagpfauenaugen. Sie ruht nämlich vom Herbst an in einem fest

Die Puppe des Admirals findet man oft auch direkt auf der Futterpflanze.

In einer Brennesseltüte versteckt hält sich die Raupe des Admirals *(Vanessa atalanta)*. Bei Gefahr zieht sie sich darin zurück.

In der aufgeschnittenen Tüte des Brennesselblattes erkennt man die wenig behaarte, grüne Raupe des Brennesselzünslers *(Eurrhypara urticata);* Kotballen daneben.

versponnenen Köcher am Boden und verpuppt sich erst im nächsten Frühjahr. Die Falter von *E. urticata* tragen zart durchscheinende Flügel mit einem dunklen Saum und dunklen Flecken. Der Körper ist im Brustbereich und an der Spitze des Hinterleibes schwefelgelb. Diese Art bevorzugt Brennesselbestände, die im Unterwuchs stehen und gut beschattet sind. Versucht man die Raupe zu bekommen, muß man die Tüte, zu der sie das Blatt gerollt und versponnen hatte, an ihrem hinteren Ende sorgfältig beobachten. Denn hier versucht sie auf Berührung der Tüte hin zumeist zu entkommen. Sie läßt sich zu Boden fallen und verschwindet in der Streu.

Eine ganze Reihe weiterer Schmetterlingsarten benutzt die Brennesseln als Futterpflanzen. Man möchte es kaum glauben, welchen Wert diese sonst wenig geschätzten Pflanzen für unsere heimischen Schmetterlingsarten besitzen. Der Admiral fliegt sogar Hunderte von Kilometern über die Alpen, um nördlich davon an den Brennesseln die Eier abzulegen und eine Generation zu erzeugen!

Wanderungen

Der Vogelzug ist uns allen ein Begriff. Jeder weiß, daß Millionen von Vögeln im Frühjahr aus ihren Winterquartieren zurückkommen, um in den klimatisch gemäßigten und kühlen Gebieten zu brüten, ihre Jungen großzuziehen und das Gefieder zu wechseln. Im Herbst ziehen sie dann wieder weg in die Überwinterungsgebiete.

Daß eine ganze Reihe von Schmetterlingen vergleichbare Wanderungen macht, wissen hingegen die wenigsten. Der Zug von Schmetterlingen läßt sich auch nicht so ohne weiteres beobachten. Nur unter ungewöhnlichen Verhältnissen tritt er augenfällig in Erscheinung. 1975 war so ein Jahr, das ungewöhnlich starke Schmetterlingswanderungen in Mitteleuropa gebracht hatte.

Wolken von Kohlweißlingen unterwegs nach Süden

Der Einflug aus dem Mittelmeerraum erfolgte im Frühsommer und fand noch wenig Beachtung. Da und dort tauchten schon im Mai Ad-

Kontinentweite Wanderungen führt der Distelfalter *(Vanessa cardui)* zwischen Afrika und Europa aus.

Auf Blutweiderichblüten am Ufer rasten die Kohlweißlinge.

miräle und Distelfalter auf. Genauer betrachtet erwiesen sie sich als stark abgeflogen. Sie mußten schon einen weiten Weg hinter sich haben. Heute weiß man, daß sie mit größter Wahrscheinlichkeit aus dem Mittelmeerraum gekommen waren. Besonders die Admiräle waren häufiger als sonst eingeflogen. Ihre Raupen konnte man an allen möglichen Beständen von Brennnesseln entdecken. Als es Juli wurde, waren sie ausgewachsen und bereit zur Verpuppung.
Inzwischen flog die 2. Generation der Kohlweißlinge. Es gab sie recht häufig in diesem Jahr. Überall waren sie in Mengen zu sehen: in Gärten, auf Feldern, und sogar in die Städte verirrten sie sich. Es wurden immer mehr. Ende Juli gab es Kleefelder, auf denen sich Tausende tummelten. Am Ufer einer ausgedehnten Bucht am unteren Inn schwärmten sie in solchen Mengen, daß es schwierig wurde, ihre Zahl zu schätzen. Gegen 10.00 Uhr fingen die ersten Kohlweißlinge an, die Bucht zu überqueren. In gerader Linie, wie mit einer Schnur gezogen, flogen sie etwa 1 Meter über dem Wasserspiegel in Richtung Süden. Bald lösten sich Dutzende Falter vom Ufer. Einer nach dem anderen überquerte die Bucht; alle in genau

Nur unter besonderen Umständen führen die Kohlweißlinge Wanderungen durch.

Wanderungen

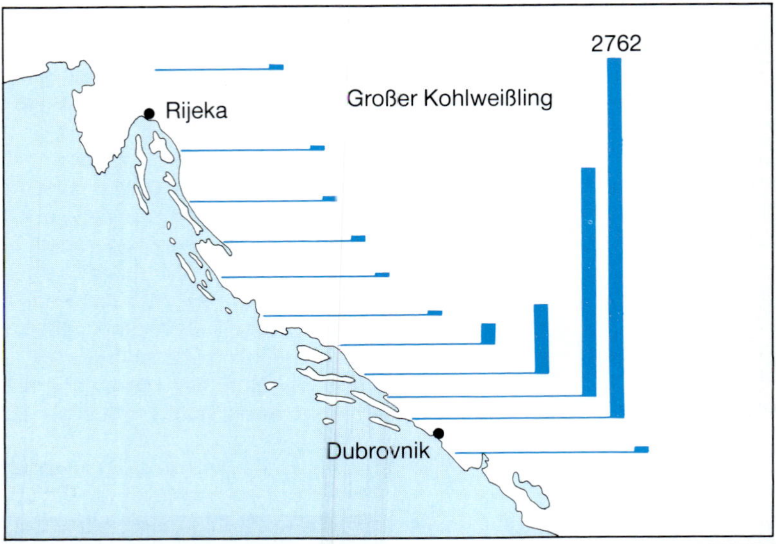

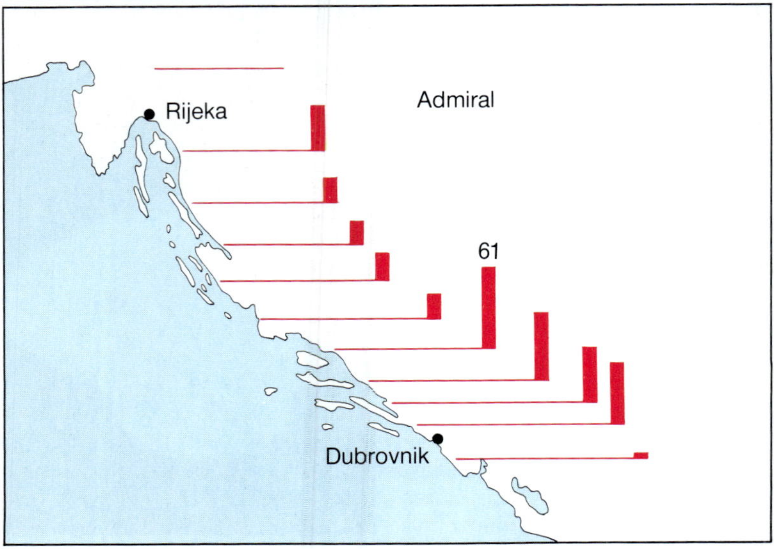

der gleichen Richtung. Gegen Mittag erreichte der Zug über die rund 300 m breite Bucht den Höhepunkt. Die Schmetterlinge waren nur noch mit Mühe zu zählen. 2 Stunden später ging der Zug ganz deutlich zurück. Gegen 15.00 Uhr kamen nur noch einzelne Falter. Tagelang hielt dieses Schauspiel an. Am Vormittag sammelten sich die Kohlweißlinge am Ufer, gegen 10.00 Uhr fing der Zug an und wurde im Laufe des Nachmittags wieder beendet.
Nun fiel auch im Vorland auf, daß sich die Kohlweißlinge anders als sonst verhielten. Sie gaukelten nicht einfach über den Kleefeldern oder Wiesen, sondern hielten ganz klar die Richtung nach Süden ein. Nur am Ufer eines Stausees machten sie für einige Zeit halt und sammelten sich an, bis sie die freie Wasserfläche noch geradliniger als die Feldflur überquerten. Eine Massenwanderung von Kohlweißlingen hatte eingesetzt! Sie dauerte die ersten 10 bis 14 Tage des August an. Mitte August hatte die Wanderung offenbar die Alpen voll erreicht.

Verlauf der Wanderung von Kohlweißling (oben) und Admiral (unten) entlang der jugoslawischen Adria im Oktober 1975. Während die Kohlweißlinge in geschlossener Front fliegen (fast alle Tiere können als »dichte Masse« im gleichen Küstenabschnitt beobachtet werden), wandern die Admiräle einzeln und werden entlang der gesamten Küste in fast gleicher Zahl angetroffen.

Überall an den Pässen konnte man nun große Mengen von Kohlweißlingen sehen. An den Krimmler Wasserfällen begann ein einzigartiges Schauspiel am späten Vormittag. Unten im Tal wirbelten die Kohlweißlinge wie Schneetreiben durcheinander. Schob sich eine Wolke vor die Sonne, gingen alle nieder und ruhten in der Vegetation oder auf Steinen nahe dem Wasserfall so lange, bis die Sonne wieder hervorkam. Dann ging der Flug los. Die Falter drängten nach oben, die Fälle entlang. Immer wieder kam eine Wolke, die sie zur kurzen Rast zwang. Kaum war sie weg, ging es weiter. Gegen Mittag ergoß sich die Menge ins Hochtal und zog weiter. Die große Steigung an den Wasserfällen war geschafft!
Pässe bis in mehr als 2000 m Höhe werden auf solchen Wanderungen selbst von ziemlich schwachen Fliegern, wie den Kohlweißlingen, überwunden. Die einzelnen Admiräle, die dazwischen waren, fielen unter den Abertausenden von Kohlweißlingen gar nicht auf. Sicher zogen auch an anderen Tagen Tausende von Kohlweißlingen über die Alpen. Gewiß waren es Hunderttausende, wenn nicht Millionen, die sich 1975 im August/September auf der Wanderung befanden.
Mitte Oktober zogen sie die jugoslawische Adriaküste entlang. Immer weiter nach Süden führte ihre

Wanderungen

Regelmäßige Fernwanderungen macht der Admiral *(Vanessa atalanta)*.

Reise. Am 21. Oktober 1975 erreichte ein großer Pulk Dubrovnik. Die Abb. S. 146 zeigt, wie sich bei einer Fahrt entlang der Küstenstraße der Wanderzug der Kohlweißlinge in den Zählungen vom Auto aus widerspiegelte. Die Kohlweißlinge kamen in dichter Masse und hielten ziemlich gut zusammen. Ihr Kommen war nicht zu übersehen! Wie eine Welle schoben sie sich die Adriaküste entlang. Wohin wohl die Wanderung führte? Vielleicht bis Griechenland, vielleicht auch übers Meer bis Nordafrika.

Dorthin strebten die gleichzeitig wandernden Admiräle. Doch sie fielen viel weniger auf, weil sie stets einzeln des Wegs zogen. Erheblich schneller als die Kohlweißlinge und ein wenig höher über Grund als diese strebten sie nach Süden. Ihr reißender Flug weist sie als gute Wanderer, als leistungsfähige Flieger aus. Dem umhertaumelnden Kohlweißling würde man eine so große Leistung kaum zutrauen. 800, vielleicht auch mehr als 1 000 km hatten sie zurückgelegt, als sie Dubrovnik erreichten. Wenn es die gleichen gewesen waren, die schon die Alpen überflogen hatten und die den Inn Anfang August überquerten, dann lagen sogar erheblich mehr als 1 000 km hinter ihnen. Warum machen sie dies? Was treibt sie, solche Wanderzüge zu unternehmen?

Über die Gründe der Wanderungen

Bei jenen Arten, die wie der Admiral nördlich der Alpen nicht überwintern können, liegen die Verhältnisse klar. Hier entspricht die Wanderung dem Vogelzug. Die Admiräle fliegen im Frühsommer nach Norden, getragen und unterstützt von den nordwärts gerichteten Luftmassen aus dem subtropischen Raum. Sie erreichen dann in den gemäßigten und kühlen Breiten im Sommer für sie ideale Lebensbedingungen, während ihr winterlicher Lebensraum im Mittelmeergebiet nach und nach austrocknet, wenn der Hochsommer naht. Die Falter hätten dort 2 ungünstige Phasen zu überbrücken, den feuchtkühlen Winter und den heißen, trockenen Sommer. Letzterem weichen sie nach Norden aus. Dort pflanzen sie sich fort und die Nachkommen versuchen wieder, in die Ausgangsgebiete der Wanderung im Mittelmeerraum zurückzukommen. Jahreszeitlich paßt dies gut, denn im Frühherbst beginnen sich die Strömungsverhältnisse in der Atmosphäre großräumig wieder umzukehren. Süd- und südwestwärts gerichtete Strömungen werden vorherrschend. Sie unterstützen den Rückflug, sind aber gewiß nicht die Ursache. Sie liegt im Erbgut der Wanderfalter verborgen. Das Wandern ist ihnen angeboren. Vielleicht hat es sich im Laufe der Erdgeschichte seit der letzten Eiszeit in ähnlicher Weise wie der Vogelzug entwickelt. Manche Anzeichen sprechen dafür. Die Fortpflanzungschancen im Sommer der kühlen und gemäßigten Gebiete werden genutzt. Dann kehren die Wanderer wieder in die Winterquartiere zurück, die ihre eigentliche Heimat darstellen. Das Wandern erschließt ihnen neue Lebensräume, die sie sonst nicht nutzen könnten. Darin liegt der entscheidende Vorteil.
Nur, bei Schmetterlingen verläuft dies alles viel komplizierter als bei den Vögeln. Denn bei ihnen muß die Information über die beiden getrennten Lebensräume über die Generationsfolge weitergegeben

Wanderungen

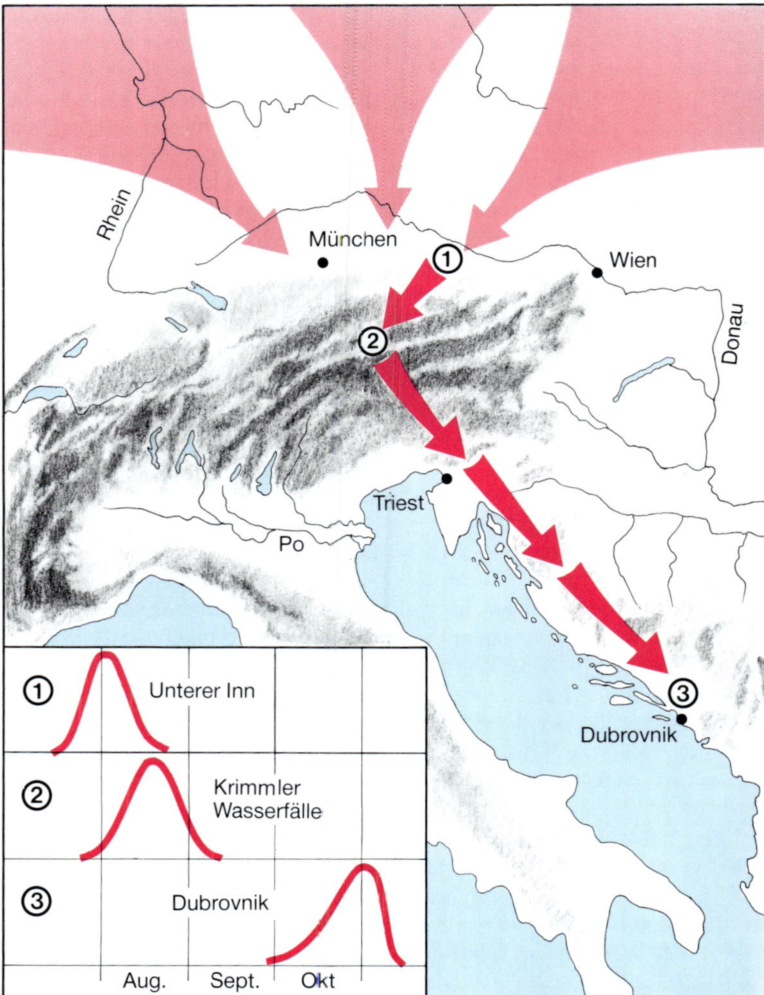

Verlauf des Wanderzuges vom Kohlweißling im Sommer 1975 im östlichen Alpenvorland und nach Alpenüberquerung entlang der Adria bis südlich von Dubrovnik. Das zeitliche und räumliche Geschehen ließ sich ungefähr aus den Feldbeobachtungen rekonstruieren.

werden. Es sind ja – von ganz seltenen Ausnahmen abgesehen – nie die gleichen Individuen, die eine bestimmte Wanderung durchführen. Sondern es folgen jeweils Individuen der einen Generation der vorausgegangenen nach.
Noch schwieriger liegen die Verhältnisse bei solchen Arten, die nicht regelmäßig wandern. Der Kohlweißling gehört dazu. Normalerweise verhalten sich seine Bestände nördlich der Alpen bodenständig. Generation folgt auf Generation, ohne daß ein großes Wandern dazwischen geschaltet wäre. Das tritt nur dann ein, wenn die Dichte des Bestandes sehr groß geworden ist. Dann kommen die Falter in Wanderstimmung. Sie ändern nun ihr Verhalten. Anstatt ungerichtet und unstet über die Fluren zu gaukeln und mal hier, mal dort eine Blüte zu besuchen, stellt sich ihr Flug immer mehr in eine bestimmte Richtung ein. Bei hochsommerlichen und herbstlichen Wanderungen weist diese Richtung stets mehr oder weniger genau nach Süden. Die Wanderer erkennt man nun ganz eindeutig an ihrer Flugweise. Sie fliegen geradlinig »wie an einem unsichtbaren Faden gezogen«. Hindernisse, Gebäude etwa, umfliegen sie nicht, sondern steigen davor auf und überfliegen sie, ohne die Richtung zu ändern. Keineswegs muß dabei aber immer Rückenwind herrschen. Die wandernden Falter versuchen auch gegen den Wind anzukommen, vor allem wenn er nicht zu direkt von vorne bläst. Normalerweise würden sie nicht auf offene Wasserflächen oder über Bergmassive fliegen. Auf der Wanderung tun sie dies ohne zu zögern!
Doch nicht nur tagsüber lassen sich wandernde Falter beobachten. Es gibt auch eine ganze Reihe von Nachtfaltern, die regelmäßig ausgedehnte Wanderflüge unternehmen. So häufige Arten, wie die Gammaeule *(Plusia gamma)* und so exotisch schöne, wie der Oleanderschwärmer *(Daphnis nerii)* gehören dazu. Auch der eindrucksvollste der europäischen Schmetterlinge, der Totenkopfschwärmer *(Acherontia atropos)* zählt zu den Wanderern. Dieser kräftige Schwärmer mit über 12 cm Flügelspannweite fliegt sogar aus Afrika bei uns ein. Mit schnellem Schwirrflug, der tagsüber mehr an einen Vogel erinnern würde als an einen Schmetterling, überwindet er die Sahara, das Mittelmeer und die Alpen. Bis hoch nach Skandinavien und Island hat man Totenkopfschwärmer gefunden. Diese Flugleistung kostet Energie. So verwundert es nicht, daß der Totenkopfschwärmer eine besondere Vorliebe für stark Nektar absondernde Blüten entwickelt und des Honigs wegen sogar Bienen-

Mit seinem kurzen, dicken Saugrüssel nimmt der Totenkopfschwärmer *(Acherontia atropos)* Honig aus der Wabe.

stöcke aufsucht. Dabei kann der Hinterleib so sehr anschwellen, daß der große Schwärmer aus dem schmalen Einflugschlitz nicht mehr herauskommt. Seine gelbe Ringelung am Hinterleib und die von 2 unscharfen, dunklen Querbändern durchzogenen gelben Hinterflügel lassen ihn wie eine überdimensionale Hornisse aussehen. Vielleicht steht seine merkwürdige Fähigkeit, einen scharfen Zirpton hervorzubringen, auch in Zusammenhang mit der Honigsuche bei Bienen (und Wespen oder Hornissen?). Für Vögel dürfte er schlecht schmecken oder giftig sein, denn seine Raupen leben an Kartoffelkraut, Bocksdorn oder Bilsenkraut. Sie sind sehr auffallend gefärbt und gezeichnet. Ausgewachsen verlassen sie das Kartoffelkraut und gra-

ben sich unter der Bodenoberfläche eine Erdhöhle, in der sie sich verpuppen. Die Puppen sind groß, glänzend schwarz- oder rotbraun. Bei Berührung schlagen sie kräftig mit dem Hinterleib. Als die Kartoffeln noch von Hand aus dem Boden geholt wurden, fand man häufig die Puppen. Bei der Ernte mit Maschinen fallen sie nicht mehr auf oder werden zerschlagen.
Die Puppen überleben normalerweise den Winter bei uns nicht, es sei denn, sie können noch früh genug im Herbst schlüpfen. Ob Totenkopfschwärmer ähnlich wie die fast genauso großen Windenschwärmer wieder in der Lage sind zurückzufliegen, weiß man noch nicht. Für den Windenschwärmer *(Herse convolvuli)* ist dies sehr wahrscheinlich. Diese großen Schwärmer, die dem Totenkopf an Flugvermögen sicher nicht nachstehen, trifft man nämlich schon im August; zu einer Zeit also, in der der Rückflug noch zu schaffen wäre.
Es ist außerordentlich reizvoll Totenkopfschwärmer aus der Puppe zu ziehen. Jeder, der eine solche findet, sollte dies versuchen. Die Puppen werden in eine Torfmull-Unterlage gebracht und von Zeit zu Zeit mit lauwarmem Wasser besprüht. Bei Zimmertemperatur schlüpfen sie mitunter schon im September, spätestens im Oktober oder Anfang November. Berührt

Schreckstellung der Raupe des Totenkopfschwärmers. Diese bizarre Haltung warnt vor der Ungenießbarkeit.

In einer Erdhöhle liegt die Puppe des Totenkopfschwärmers. Sie übersteht den Winter nördlich der Alpen nicht.

Ein außerordentlich kräftiger Flieger und Wanderfalter ist der Windenschwärmer *(Herse convolvuli)*, der aus dem Mittelmeerraum einfliegt.

man den Totenkopfschwärmer, wenn die Flügel gefestigt sind, vorsichtig von der Seite her, dann wehrt er den Finger mit einem Bein ab. Bei Berührung des Kopfes von vorne gibt er den quietschenden Ton von sich und dreht die großen, harten Vorderflügel so nach vorne, daß die gelb-schwarzen Hinterflügel sichtbar werden. Eine Hauskatze, die einen frisch geschlüpften Totenkopfschwärmer leicht antippte, fiel vor Schreck vom Stuhl, als der Ton kam und die Hinterflügel präsentiert wurden! Das Abwehrsignal scheint also gut zu wirken. Viele Probleme der Schmetterlingswanderungen sind noch nicht gelöst. Sie können nur durch gemeinsame Anstrengungen vieler Beobachter bearbeitet werden, die ein ausreichend dichtes Netz zur Erfassung des Zuggeschehens bilden. Jeder kann hier einen Beitrag leisten und die Kenntnisse vertiefen helfen. Gerade die Beobachtung von Wanderfaltern ist ganz gut koordiniert, so daß der an der Mitarbeit Interessierte nicht alleine steht. Die Anschrift der Deutschen Zentrale zur Erforschung der Schmetterlingswanderungen wird im Anhang gegeben. Eine Beobachtungsstation, auf der kontinuierlich das Zuggeschehen von Vögeln und Insekten erfaßt wird, befindet sich am Randecker Maar auf der Schwäbischen Alb.

Weltwunder Monarch

Zum Abschluß dieses Kapitels soll noch über einen Wanderzug berichtet werden, der zwar nicht bei uns beobachtet werden kann, der aber zum gewaltigsten zählt, was die Welt an Tierwanderungen kennt. Jedes Jahr, wenn sich im Süden Kanadas die Blätter zu verfärben beginnen und die Zeit des »Indianersommers« naht, machen sich goldbraune Schmetterlinge mit schwarzem Flügelgeäder, die Monarch-Falter, auf den Weg nach Süden. Unbeirrt von der wechselnden Landschaft streben sie über Seen und Flüsse, Berge und Prärien. 80 bis 120 Kilometer schaffen sie pro Tag, je nachdem, wie günstig oder ungünstig die Winde sind, die sie tragen oder die ihnen entgegenkommen. Noch im Norden der USA merkt man wenig von dieser einsetzenden Wanderung – die Falter ziehen meist einzeln oder in kleinen Gruppen. Je weiter sie nach Süden vordringen, um so stärker verdichten sich die Schwärme. Dennoch verloren die Beobachter über den weiten Prärien von Texas immer wieder ihre Spur. Manche Gruppen ließen sich bis Florida verfolgen, aber dann verschwanden sie auch dort. Bis vor wenigen Jahren wußte niemand, wohin die Reise weiterführte. Gewaltige Mengen von Schmetterlingen mußten es sein, die an diesem Wanderzug teilnehmen. Sie kommen aus dem riesigen kontinentalen Raum zwischen den Rocky Mountains im Westen, dem Süden Kanadas im Norden und der Ost und Südküste der USA. Millionen und Abermillionen Falter bringt dieses weite Land hervor. Mehrere Generationen von Monarch-Faltern wechseln sich im Laufe des Sommers ab. Sie wachsen im Raupenstadium an mehr oder weniger giftigen Futterpflanzen heran und werden von den allermeisten Freßfeinden, insbesondere von Vögeln, weitestgehend gemieden. Mit auffälliger Warntracht signalisieren Raupen wie Falter ihre Ungenießbarkeit – und benehmen sich entsprechend ruhig. Monarchfalter huschen nicht gleich beim Auftreten eines Vogelschattens davon, sondern demonstrieren vielmehr ihre Flügel.

Mit der abnehmenden Tageslänge im August und September entwickeln die nun schlüpfenden Weibchen keine befruchtungsfähigen Eier mehr. Ihre Geschlechtszellen ruhen. Dafür befällt die Falter jene

Mit zusammengeklappten Flügeln ruht der Monarch *(Danaus plexippus)* am Stamm.

merkwürdige Unrast, die sie unablässig in einer bestimmten Richtung fliegen läßt. Kaum daß sie sich Zeit nehmen, um ein paar Tropfen Tau oder Nektar zu trinken.

Die kalifornischen Monarch-Falter
Monarchen gibt es auch in und westlich von den Rocky Mountains. Es handelt sich um die gleiche Art *Danaus plexippus* wie östlich davon. Auch ihr Wanderverhalten verläuft ganz ähnlich. Nur richtet sich ihr Zugweg nicht nach Süden, sondern nach Südwesten oder Westen. Sie fliegen in die Küstenzone zwischen San Francisco und Los Angeles. Ihre Ankunft dort bleibt nicht verborgen. An manchen Stellen feiert die Bevölkerung ein Fest, wenn die Monarchen eintreffen. Denn sie sind nicht zu übersehen. Zu Hunderten, Tausenden, ja Zehntausenden kommen sie an und sammeln sich an wenigen Stellen in so dichten Scharen, daß die Bäume vollständig mit Faltern bedeckt sind. In einem Eukalyptuswäldchen zwischen Strand und Siedlung liegt ein solcher Sammelplatz bei Santa Barbara. Gut Hunderttausend Tiere mag er zählen – Schmetterlinge in so dichter Massierung, daß ihre Farben das Grün der Eukalyptusblätter überdecken. Was führt sie an diese eine, ganz bestimmte Stelle? Woher wissen sie, daß sie sich hier versammeln werden? Viele Fragen dieses merkwürdigen Verhaltens sind noch ungelöst. Irgendwo in ihrem Erbgut müssen diese Schmetterlinge die Information besitzen, die sie lenkt und ihr Verhalten so präzise steuert, daß sie den richtigen Platz zur richtigen Zeit finden. Was aber ist der »richtige Platz«?
Soviel weiß man bis heute sicher: Es muß eine Stelle sein, die im Winter frostfrei bleibt, aber die auch kühl genug ist, daß die Falter in einer Art Starrezustand überwintern können. Wäre der Platz zu warm, würden die Falter aktiv werden und dabei ihre Fettvorräte aufbrauchen, die sie im nächsten Frühjahr für den Rückflug benötigen. Außerdem müssen die Falter eng genug zusammenfinden, damit sie von Vögeln und anderen Freßfeinden möglichst unbehelligt bleiben. Die wenigen Vögel, die einen solchen Überwinterungsplatz – es gibt mehrere davon am genannten Küstenabschnitt! – besuchen, probieren vielleicht, weil sie noch unerfahren sind, die auffälligen Falter. Schnell merken sie, daß diese für ihren Geschmack nicht das Richtige sind. Sie werden die Schmetterlinge fortan in Ruhe lassen. In einem Gebiet wird also eine bestimmte Anzahl Falter von den Vögeln »probiert«, unabhängig davon, wie viele Falter insgesamt vorhanden sind. Der einzelne Falter hat

Auf einem Eukalyptusbaum haben sich riesige Mengen von Monarchen gesammelt (Santa Barbara, Kalifornien).

daher um so bessere Chancen, zu überleben und nicht verletzt zu werden, je mehr Artgenossen in seiner Nähe sind. Daher bringt die massierte Ansammlung große Vorteile für die Monarchen mit sich. Wenn die Tageslänge im Frühjahr zunimmt und etwa im Februar oder März die Temperaturen ansteigen, so werden die Monarchen, die bis dahin wie dürre Blätter an den Bäumen gehangen hatten, munter. In den späten Vormittagstunden lassen sie sich ein Stück fallen, breiten die Flügel aus und vollführen nun ihre Balzflüge über der Lichtung, um die sich die Bäume scharen, an denen die Falter den Winter verbracht haben. Männchen wie Weibchen besitzen nun reife Fortpflanzungsorgane; die Paarung kann beginnen. Es dauert nicht lange, bis der Boden mit Hunderten oder Tausenden sich paarender Schmetterlinge übersät ist. Einige Zeit bleiben sie noch, dann starten sie den Rückflug in die Fortpflanzungsgebiete im Norden und Nordosten. Hunderte von Meilen legen sie zurück. Gebirgspässe müssen überwunden, Wüsten überflogen werden, bis die günstigen Gegenden beginnen, in denen die Futterpflanzen wachsen. Viele Männchen sterben schon während der Rückwanderung. Aber die Weibchen streben weiter. Sie verfügen über größere Fettreserven. Zum Einzug des Frühlings im Norden werden sie dann ihre Eier ablegen und den neuen Generationszyklus damit wieder in Gang bringen.

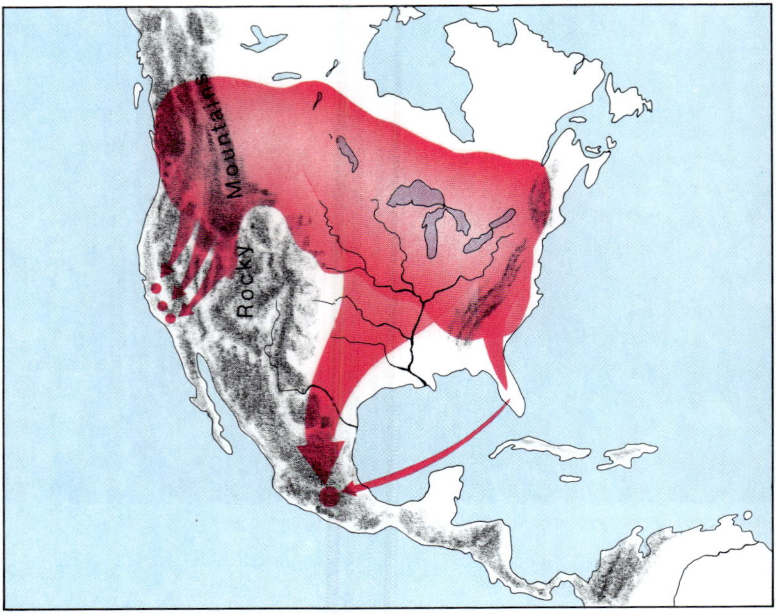

Verbreitung und Hauptwanderwege des Monarchen in Nordamerika und Lage der Überwinterungsplätze der westlichen und der östlichen Population.

Ein Geheimnis wird enträselt

Seit vielen Jahren kennt man die Überwinterungsplätze an der Küste von Kalifornien. Mehrere Hunderttausend Schmetterlinge sammeln sich jeden Winter dort. Auch ihre Zu- und Abwanderung hatte man schon früh durchschaut, wenngleich erst Markierungen in neuerer Zeit sicheren Aufschluß über Herkunft und Wandergeschwindigkeit der Falter erbringen konnten. Was passiert aber mit dem ungleich größeren Bestand östlich des Gebirges? Wo bleiben die vielen Millionen Falter, deren Spur sich lange Zeit in Texas verlor?

Jahrzehntelang kam man nicht hinter ihr Geheimnis. Tausende markierter Falter reichten nicht aus, um ihren weiteren Weg, um ihr wirkliches Winterquartier zu finden. Am 9. Januar 1975 war es dann so weit: Am Abend dieses Tages telefonierte Kenneth C. Brugger aus Mexiko nach Kanada, wo Prof. Fred A. Urquhart seit über einem Vierteljahrhundert die Monarchforschung betrieb und koordinierte. Das Winterquartier hatte er eben in den Bergwäldern der Sierra Madre nicht weit von Mexico City gefunden. Holzfäller stießen zufällig auf große Mengen von Monarchfaltern und

meldeten ihm dies. Als er in die betreffende Gegend in weit über 2000 m Meereshöhe kam, glaubte er seinen Augen nicht zu trauen: Die Falter bedeckten die Bäume in so unbeschreiblichen Mengen, daß Äste unter ihrem Gewicht herunterbrachen. Knöchelhoch mußte man stellenweise durch die Schmetterlinge waten, um überhaupt vorwärts zu kommen. Auf einer kleinen Fläche von nur wenigen hundert Metern Durchmesser befand sich die größte Konzentration. Viele Millionen Falter mußten hier versammelt sein – die Mengen waren in der Tat nicht mehr abzuschätzen. In der Weltabgeschiedenheit dieses mexikanischen Hochtales, das kaum ein Mensch jemals aufgesucht hatte, wurde eines der größten Wunder entdeckt, das es an Wanderzügen im Tierreich gibt.
Aus der riesigen Weite des nordamerikanischen Kontinents kommen die Monarchen hierher nach Mexiko. Alle entstammen sie jener Generation, die im Spätsommer geschlüpft ist. Kein einziger Schmetterling unter all den Millionen ist jemals zuvor hierher gekommen. Sie finden den Weg nur mit Hilfe innerer, angeborener Information aus ihrem Erbgut. Wenn sie im nächsten Frühjahr bis an die kanadische Grenze zurückkehren, wird erst ihre Enkel- oder die Urenkelgeneration erneut den Weg in die Gegenrichtung nehmen und wiederum nach Mexiko fliegen – an die gleiche Stelle! Die Duftstoffe der überwinternden Generation müssen noch gut genug erhalten sein, wenn über ein halbes Jahr später die ersten Falter wieder eintreffen, um diesen zu »sagen«, daß sich hier jener frostfreie, kühle und sichere Platz befindet, an welchem schon viele, viele Generationen von Monarchen überwintert haben.
Wahrscheinlich entwickelte sich dieses Verhalten nach der Eiszeit, die in Nordamerika zahlreiche Tier- und Pflanzenarten in Richtung Mexiko zurückgedrängt hatte, als der Höhepunkt der Vereisung erreicht war. Denn die meisten Futterpflanzen der Monarch-Raupen besitzen eindeutig in Mexiko ihr Ausbreitungszentrum und Stammareal. Mit der Klimaverbesserung konnten sich die Monarchen – ihren Futterpflanzen folgend – immer weiter nach Norden ausbreiten, bis sie an die heutigen Grenzen kamen. Doch der Winter, diese alljährlich wiederkehrende »Eiszeit«, zwingt sie immer wieder zur Rückkehr in jene Gebiete, in welchen »Winter« nur kühle Jahreszeit bedeutet, die jedoch weder Schnee noch Frost bringt. So ähnelt die Wanderung der Monarchen in vieler Hinsicht der Entwicklung des Vogelzuges. Die Leistung der Schmetterlinge übertrifft diesen aber noch.

Schmetterlingsschutz

Nehmen die Schmetterlinge ab?

Kein Zweifel, die Schmetterlinge sind heute erheblich seltener als früher. Die meisten können sich gar nicht mehr vorstellen, welche Fülle von Faltern noch vor 30 oder 40 Jahren über den bunten Blumenwiesen flog. Erst wenn man die intensiv bewirtschafteten Regionen von Mitteleuropa verläßt und in Gebiete kommt, in denen die landwirtschaftliche Bodennutzung weniger stark betrieben wird, erkennt man, daß es diese Fülle auch heute noch geben würde. Bei uns ist sie der modernen Intensivlandwirtschaft zum Opfer gefallen.

Die Feldraine, an denen den ganzen Sommer über Ackerwildkräuter blühten, gibt es vielerorts nicht mehr. Wo sie noch vorhanden sind, stehen sie unter dem Einfluß der Pflanzenschutzmittel und der Düngerstoffe. Hecken und Feldgehölze verschwinden immer mehr – trotz der Bemühungen des Naturschutzes, sie in der Landschaft und für das Landschaftsbild zu erhalten. So wird der Lebensraum, der den Schmetterlingen bleibt, immer enger. Auf winzige Restflächen beschränkt, können viele Arten ihre Bestände nicht mehr dauerhaft halten. Sie werden immer stärker von der Neubesiedlung abhängig. Diese funktioniert aber nur dann, wenn die Refugien, in denen sich genügend produktive Bestände erhalten können, auch groß genug sind. Zudem müssen sie in der Landschaft gut verteilt sein, sonst werden die Distanzen zu groß, die zu überwinden wären, um ein entvölkertes Gebiet wieder neu zu besiedeln.

Der Naturschutz bemüht sich daher seit Jahren um die Erhaltung und Neuschaffung sogenannter »ökologischer Zellen« in der intensiv genutzten Kulturlandschaft. Wie stark sie bereits verarmt ist, mag der Vergleich verschiedener typischer Lebensräume in Mitteleuropa zeigen (Abb. S. 161). Die landwirtschaftlich genutzte Flur bringt, abgesehen von den zeitweise auftretenden Massenvermehrungen von Kohlweißlingen, nahezu keine Schmetterlinge mehr. Sie wird von den Gärten der Siedlungen bei weitem übertroffen.

Verteilung der Tagfalter auf verschiedene Lebensräume am unteren Inn Oben: Zahl der nachgewiesenen Arten in den verschiedenen Lebensraumtypen. Unten: Prozentuale Häufigkeit der Individuen in den verschiedenen Lebensraumtypen.
Die Dämme erwiesen sich am arten- und individuenreichsten. Während die Artenzahlen im Bereich von Auwäldern und Siedlungen noch recht günstig liegen, fallen die Häufigkeiten der Individuen hier schon stark ab. Die landwirtschaftlich genutzten Fluren, die den größten Flächenanteil ausmachen, schneiden in diesen langjährigen Zählungen am schlechtesten ab. Viele der dort angetroffenen Arten sind kurzzeitige Besucher, aber nicht mehr bodenständig.

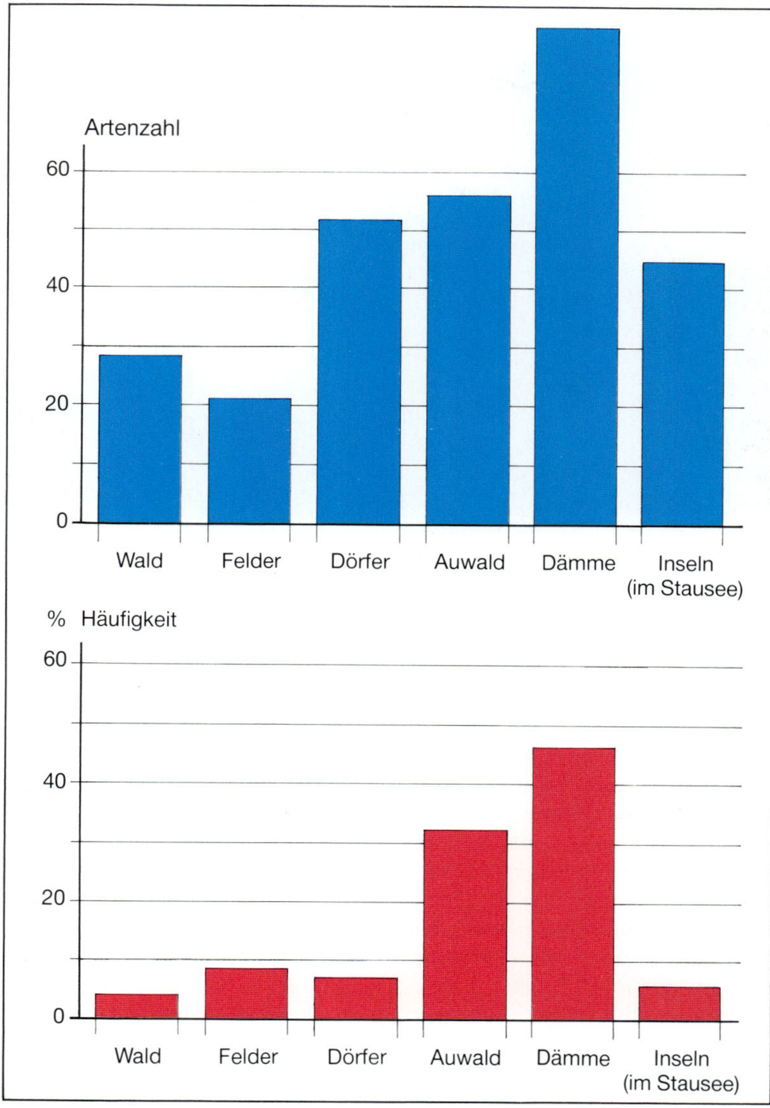
Artenzahl
60
40
20
0
Wald
Felder
Dörfer
Auwald
Dämme
Inseln
(im Stausee)
% Häufigkeit
60
40
20
0
Wald
Felder
Dörfer
Auwald
Dämme
Inseln
(im Stausee)

Schmetterlingsschutz

Eine reiche Flora (»Unkräuter«) am Ackerrain bringt schöne Blüten und Nahrung für Schmetterlinge. Im lockeren, warmen Boden verpuppen sich gerne die Raupen der Eulenfalter.

Es sollte daher jeder an der Erhaltung der Schmetterlinge Interessierte versuchen, selbst Datenmaterial zusammenzutragen, um die Forderungen nach Wiederherstellung eines Netzes ökologischer Zellen nachdrücklich unterstützen zu können. Ohne umfangreiches Datenmaterial über den tatsächlichen Schwund an Arten und Individuen wird es noch viel schwieriger sein, etwas für die Erhaltung der Falter zu erreichen. Dadurch bekommt sogar das Zählen von Kohlweißlingen, auch wenn es sich nicht um Wanderzüge handelt, durchaus seinen Sinn. Denn es ist der »Schädling«, der die Bekämpfung überlebte, während die wirtschaftlich unbedeutenden Arten auf der Strecke blieben.

Andererseits zeigt der Vergleich der Schmetterlingshäufigkeiten, welche Bedeutung den Gärten für die Arterhaltung zukommt. Die Entwicklung im vergangenen Jahrzehnt nährte durchaus die Hoffnung, daß die Mehrzahl der Arten überleben kann, wenn die Gärten als Refugien zur Verfügung stehen.

Schmetterlingsschutz

Zeigen doch die Zählwerte, daß gerade in den Gärten die Bestandsentwicklung für die dort lebenden Arten positiv verlief (Abb. unten). Extensiv genutzte Wiesen werden immer seltener. Der Eintrag von Nährstoffen über die Luft ist beachtlich und führt zur Anreicherung selbst dort, wo keine Düngung vorgenommen wird. Die Arten der Trocken- und Magerrasen sind daher am meisten bedroht. Arten hingegen, die in nährstoffreichen Lebensräumen existieren können, brauchen nur Schutz gegen Insektenvernichtungsmittel. Vielleicht deutet ihre Zunahme in den Gärten eine allmähliche Verringerung des Einsatzes chemischer Schädlingsbekämpfungsmittel an.

Veränderung der Tagfalterhäufigkeiten im landwirtschaftlich genutzten Kulturland im südostbayerischen Inntal von 1971 bis 1981. Angegeben ist die prozentuale Häufigkeit der Individuen in den verschiedenen Lebensraumtypen. Auf den immer stärker genutzten Dammwiesen nahmen die Tagfalter ab, in den Gärten der Dörfer und über den Fluren stieg hingegen ihr prozentualer Anteil deutlich. Auch absolut nahmen sie hier etwas zu.

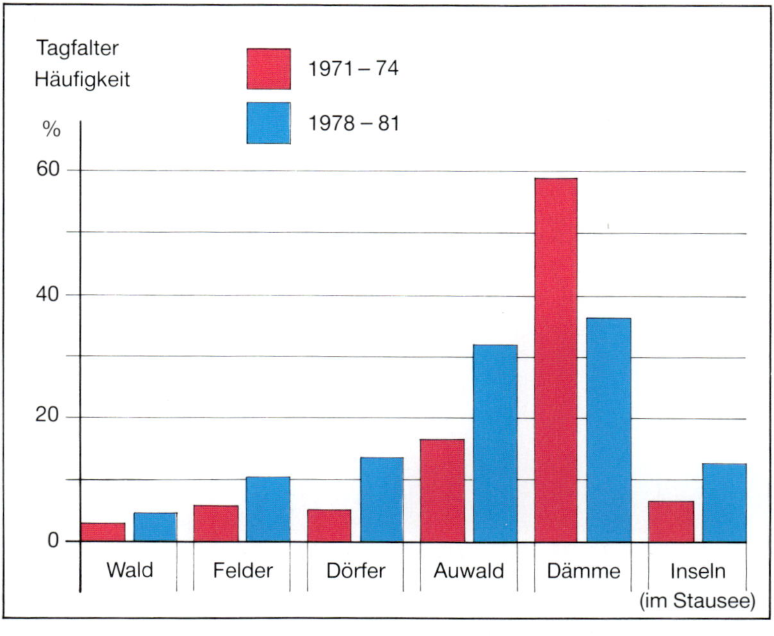

Schmetterlingsschutz

Die geringsten Veränderungen in den letzten 10 bis 15 Jahren lassen sich für die Wald und Gehölze bewohnenden Arten feststellen. Ihr Auf und Ab spiegelt vorerst wohl in der Hauptsache die witterungsbedingten Schwankungen der Lebensbedingungen wider. Überhaupt nimmt die Witterung einen sehr starken Einfluß auf die Häufigkeit und Beständigkeit der Arten. Betrachtet man die Zählergebnisse aus einem Untersuchungsgebiet im niederbayerischen Inntal, so zeigt sich diese Abhängigkeit von der Witterung ganz deutlich. In diesem kontinentalen Übergangsgebiet gab es Phasen mit günstigen Jahren und natürlich auch ungünstige. 1975 war so ein günstiges Jahr, auf das ein sehr warmer Frühsommer 1976 folgte. Die Schmetterlingshäufigkeit erreichte 1973 und 1976 (Tagfalter) die Höchstwerte der 70er Jahre. Danach gingen die Häufigkeiten stark zurück. Würde man

Entwicklung der Gesamthäufigkeit der Tagfalter im südostbayerischen Inntal seit 1971. Das feuchtwarme Jahr 1982 brachte mit Abstand die höchsten Werte. Eine generelle Abnahme läßt sich nicht nachweisen! Das Auf und Ab der Jahressummen zeigt den Einfluß der Witterung. Doch früher gab es gewiß mehr Tagfalter.

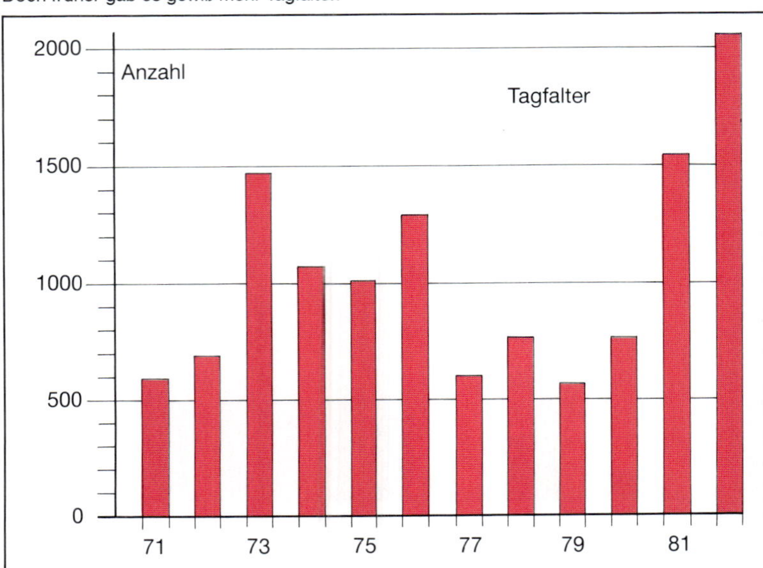

etwa von 1973 ausgehen, so ergäbe sich ein deutlicher, nicht zu übersehender Rückgang der Schmetterlinge bis 1980. Ein Alarmzeichen, würde man meinen! Doch wenngleich der Befund für diese Zeitspanne stimmt, so besagt er doch wenig über die allgemeine Bestandsentwicklung der Tagfalter. 1981 ging es nämlich, bedingt durch günstigere Sommerwitterung, wieder kräftig aufwärts. In diesem Jahr wurden praktisch die gleichen Werte wie 1973 und 1976 erreicht. Der extrem heiße und trokkene Juli 1983 brachte erneut einen Rückgang. So pendeln die Werte von Jahr zu Jahr. Erst eine größere Zeitspanne von wenigstens einem Jahrzehnt erlaubt Aussagen über mittelfristige Bestandsentwicklungen. Die fallen für das Untersuchungsgebiet unerwartet günstig aus: Weder bei den Tagfaltern (Abb. S. 164) noch bei den Nachtfaltern (Abb. unten – nach Lichtfal-

Entwicklung der Fanghäufigkeiten von Nachtfaltern (Lichtfallenfänge) im niederbayerischen Inntal. Die Fangfrequenz zeigt trotz großer Schwankungen keine rückläufige Tendenz. Die letzten Jahre zählten zu den besten der ganzen Fangperiode! Vergleichswerte aus anderen Gebieten wären notwendig, um die Frage der Abnahme besser behandeln zu können.

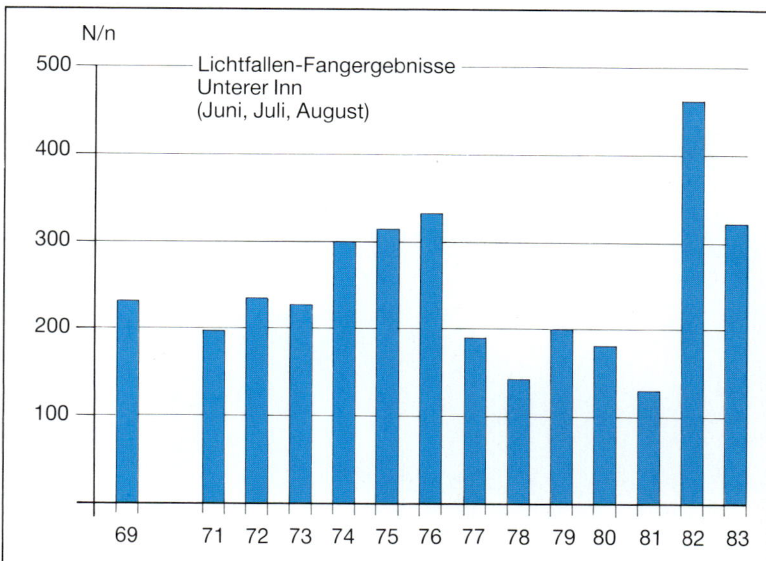

len-Fangergebnissen) ist ein Rückgang feststellbar. Die Schwankungen von Jahr zu Jahr gleichen sich in der längerfristigen Bilanz aus. Ein Trend ist nicht ersichtlich.
Dieses für den Artenschutz sicher erfreuliche Ergebnis muß aber keineswegs für andere Gebiete zutreffen. Vielleicht haben sich die Verhältnisse im niederbayerischen Inntal seit 1970 so weit stabilisiert, daß in der Tat die Umweltbelastung nicht zugenommen hat. Vielleicht ist es in anderen Gebieten ganz anders?! Erst wenn Vergleichswerte zur Verfügung stehen, wird man die für die Erhaltung der Schmetterlinge so wichtige Frage, ob der Rückgang anhält oder zum Stillstand gekommen ist, klären können.

Sammeln von Schmetterlingen

Bis in die jüngste Zeit begann die Beschäftigung mit Schmetterlingen mit der Anlage einer Sammlung. Sogar die Bestimmungsbücher enthalten in aller Regel genaue Anleitungen dazu. Man erfährt, wie man die Falter richtig tötet, nadelt und präpariert; wie man die Kästen strukturiert und wie die Sammlung aufgebaut sein muß. Dagegen war so lange wohl wenig einzuwenden, als es Schmetterlinge in Hülle und Fülle gab. Dagegen ist auch heutzutage nichts einzuwenden, wenn es aus wissenschaftlichen Gründen geschieht.
Doch bei wie vielen Schmetterlingssammlungen wird die Wissen-

Vermutlich »stanzte« ein Vogel ein Stück aus dem Flügel des Widderchens. Es ist giftig.

Aurorafalter-Männchen *(Anthocharis cardamines).*

schaftlichkeit nur vorgegeben? Eine Sammlung zu besitzen, sich an der Schönheit der gesammelten Falter zu erfreuen und Besonderheiten zu haben, das sind doch meistens die Haupttriebfedern. Die Gesetze und Verordnungen zum Naturschutz, insbesondere das Artenschutzgesetz, schränken die Möglichkeiten, Sammlungen anzulegen, bei einer ganzen Reihe von Arten ein. So ist es heute weder zulässig, noch vertretbar, größere Serien von Apollofaltern für Sammlungszwecke zu fangen. Andererseits steigt mit dem Grad der Seltenheit auch der Reiz für den Sammler. Eine große Problematik verbirgt sich darin und wird sich nicht so einfach lösen lassen, wie ein »Nicht-Sammler« vielleicht meint. Auf der einen Seite versichern die Sammler, daß sie noch nie eine Art ausgerottet hätten. Andere Einflüsse, wie Änderungen in der Bewirtschaftungsform wären ungleich stärker wirksam, als die Entnahme einiger Individuen aus den Beständen. Auf der anderen Seite läßt sich der Artenschutz wohl kaum glaubhaft vertreten, wenn diejenigen, die eigentlich am meisten an den Schmetterlingen interessiert sein sollten, die Falter fangen, töten und aufspießen. Hier muß gewiß ein Umdenkprozeß in Gang kommen, der von der Eigenverantwortung ausgeht und getragen wird. Der Schutz der Schmetterlinge hat auf jeden Fall Vorrang vor den privaten Sammelinteressen. Die Beobachtung, das Registrieren und Fotografieren können da gewiß für viele eine Alternative anbieten. Schmetterlinge lebend zu studieren, sollte das Fangen und Sammeln in ähnlicher Weise ersetzen, wie dies in der Vogelkunde schon vor einem halben Jahrhundert geschehen ist.

Schmetterlingskunde

Die wissenschaftliche Schmetterlingskunde trägt einen eigenen Namen: Lepidopterologie. Sie bildet ein Teilgebiet der Insektenkunde (Entomologie) und diese wiederum gehört zur wissenschaftlichen Tierkunde (Zoologie), die einen großen Teilbereich der Lebenskunde (Biologie) innerhalb der Naturwissenschaften umfaßt. Diese Einordnung der Schmetterlingskunde in das System der biologischen Wissenschaften weist bereits darauf hin, daß bei der Lepidopterologie die Kenntnis der Artenvielfalt der Schmetterlinge im Vordergrund steht.

Das Erkennen und Ordnen der Arten

Um diese Kenntnis zu erreichen, muß das umfangreiche Spektrum der Arten erst überschaubar geordnet werden. Allein im mitteleuropäischen Raum leben mehrere Tausend verschiedene Schmetterlingsarten. Ohne Ordnung könnte niemand einen Überblick über dieses »scheinbare Chaos« gewinnen. Schon ein etwas genauerer Blick in einen hochsommerlichen Lichtfang mit 150 oder mehr Arten zeigt, daß die verschiedenen Schmetterlinge nicht völlig regellos in ihren Merkmalen variieren, sondern ganz bestimmten Gruppierungen zugeordnet werden können, ohne daß man diese Gruppierungen zunächst näher kennen muß. Natürlich treten bei einer groben Vorsortierung Fehler im Sinne der tatsächlichen Verwandtschaftsverhältnisse auf, aber ihr Anteil fällt geringer aus, als bei einer rein zufälligen Gruppierung oder bei einer Einteilung nach Farben oder Größen. Das bedeutet, daß in der Vielfalt bestimmte Muster von äußeren Ähnlichkeiten zu beobachten sind, die Anlaß für Gruppierungen geben, die nicht einfach erfunden sind, sondern vorhandene Verwandtschaftsverhältnisse widerspiegeln.
Ordnung läßt sich daher in zweierlei Hinsicht schaffen: Einmal durch die Benennung (Namensgebung) der verschiedenen Arten und zum anderen durch die Gruppierung der Arten nach dem Grad ihrer Ähnlichkeit. Der erste Vorgang, die Erteilung eines Namens, stellt den Hauptarbeitsbereich der Taxonomie dar. Übersetzt bedeutet dieser Fachbegriff, daß einer biologischen Einheit, einer »Gruppe« oder einer »Gruppierung«, nämlich dem Taxon, ein geeigneter, eindeutiger Name zugeteilt wird. Die Taxonomie stellt also die Theorie und Praxis der Klassifizierung von Organismen dar.
Der zweite Schritt ist nun häufig der schwierigere: Das neu benannte Taxon, etwa eine neu gefundene

Das Weibchen des Eichenspinners *(Lasiocampa quercus)* ruht auf einem Stamm. Es wartet auf Männchen und sendet Lockstoffe aus.

Art, muß eingeordnet werden. Diese Einordnung hat so zu erfolgen, daß sie möglichst sinnvoll wird und die natürlichen Verwandtschaftsverhältnisse am besten widerspiegelt. Dies ist das Haupttätigkeitsfeld der Systematik, der Wissenschaft von der Ordnung der Organismen nach ihrer natürlichen Verwandtschaft.

Die natürliche Verwandtschaft

Die Betonung liegt dabei immer wieder auf der »natürlichen Verwandtschaft«. Das hat seinen guten Grund. Denn nur auf diese Weise lassen sich alle Organismen in ein widerspruchsfreies Schema bringen. Würde man andere Kriterien der Zuordnung verwenden, so ergäben sich rasch Widersprüche und Schwierigkeiten, auch wenn andere Einteilungen für die Praxis ganz sinnvoll sein mögen. So bilden beispielsweise die am Tage fliegenden Schmetterlingsarten (»Tagfalter«) ebensowenig eine zusammengehörige Gruppe, wie ihr Gegenstück, die »Nachtfalter«. Nur weil die Männchen der Eichenspinner oder des Nagelflecks im hellen Sonnenschein ganz aktiv umherfliegen, stehen sie gewiß den echten Tagfaltern, etwa Weißlingen oder Ritterfaltern, deshalb nicht näher als ihren wirklichen Verwandten aus der Gruppe der Glucken *(Lasiocampidae)* und der Augenspinner *(Saturniidae* oder *Syssphingidae)*, die nachtaktiv sind. Entsprechendes gilt für die zu den Eulenfaltern *(Noctuidae)* gehörende, tagfliegende Scheck-Tageule *(Callistege mi)*. Auch die Muster der Färbungen und Zeichnungen variieren so stark, daß sie in der Regel wenig zur Kennzeichnung von Gruppierungen aussagen, die über die Art hinaus-

Scheck-Tageule *(Callistege mi)* in Kopula. Obwohl nicht zur Gruppe der »Tagfalter« gehörend, fliegt diese Art tagsüber bei Sonnenschein.

reichen. Der Bau des Flügelgeäders oder andere Merkmale des Körperbaues sagen mehr über die Verwandtschaftsverhältnisse aus, als Eigenschaften, die mit Besonderheiten der Lebensweise in Zusammenhang stehen. So treten Rückbildungen der Flügel bei einer ganzen Reihe von Arten, stets bei den Weibchen, aus ganz verschiedenen Verwandtschaftsgruppen auf. Diese Rückbildungen stellen Anpassungen an die speziellen Lebensbedingungen dar. Der Schmetterlingsforscher, der Ordnung in die Vielfalt bringen will, muß daher sehr genau darauf achten, daß er Eigenschaften, die auf wirklicher Verwandtschaft beruhen (die sogenannten Homologien) von solchen abtrennt und unterscheidet, die durch Anpassung an besondere Lebensbedingungen aus unterschiedlichen Ausgangsformen entstanden sind (die sogenannten Analogien).

Auf Analogien läßt sich kein System untereinander verwandter Tierarten aufbauen. So sind zum Beispiel die Augen auf den Flügeln von Tagpfauenauge *(Inachis io)*, das zur Familie der *Nymphalidae* (»Edelfalter«, Gruppe der Tagfalter) zählt, vom Abendpfauenauge *(Smerinthus ocellata)*, Familie der *Sphingidae* (»Schwärmer«), und vom Nachtpfauenauge *(Saturnia pavonia)*, ein *Saturniidae* (»Nachtpfauenaugen« oder »Augenspinner«), kein homologes Merkmal, welches dazu berechtigen würde, diese Arten zu einer gemeinsamen Gruppierung zusammenzufassen. Vielmehr stellt die Augenzeichnung ein analoges Merkmal dar, welches vergleichbare Funktionen erfüllt, nämlich Feinde durch das plötzliche Hervortreten von »Augen« abzuschrecken (vgl. S. 12ff.). Diese überlebenswichtige »Erfindung« wurde von mehreren Schmetterlingsgruppen unabhängig voneinander, ja sogar bei Raupen gemacht, deren Falter nach dem Schlüpfen keine Augenzeichnung mehr tragen, z. B. bei den Weinschwärmerraupen.

Die Art-Definition

Der Taxonom gruppiert und gewichtet daher die Merkmale, die ihn dazu bewegen, eine eigenständige Gruppe von Organismen zu benennen und ins System einzuteilen. Die wichtigste Bezugsbasis stellt dabei die »Art« dar. Sie ist die Grundeinheit des natürlichen Systems der Organismen. Denn alle Tiere, die einer bestimmten Art zugerechnet werden, haben eine überprüfbare Bedingung zu erfüllen: Die Individuen müssen untereinander unbeschränkt kreuzbar sein und sich in den natürlichen Populationen auch kreuzen. Unter natürlichen Populationen versteht man dabei die in einem Gebiet vorkommenden Individuen einer Art, die eine Fortpflanzungsgemeinschaft bilden. Sie verfügen über einen gemeinsamen Bestand an Erbmaterial, den sogenannten Genpool.

Individuen, die nicht zu einem solchen Genpool gehören, kreuzen sich unter natürlichen Bedingungen nicht mit Angehörigen davon – oder können sich gar nicht mehr mit diesen kreuzen, weil der Kopulationsapparat nicht mehr paßt. Für die Artdiagnose spielt daher in der modernen Lepidopterologie die präzise Bestimmung des Genitalapparates, insbesondere bei den Männchen, bei denen er stärker als bei den Weibchen differenziert ist, eine ganz wichtige Rolle. Denn viele Arten oder in Färbung und Zeichnung abweichende Individuen lassen sich nur mit Hilfe der Genitaldiagnose eindeutig bestimmen. Hierin äußert sich eine biologische Voraussetzung, nämlich die gegenseitige Abschirmung der Arten untereinander: Bau der Genitalien oder Verhaltensweisen verhindern, daß es zu Fehlverpaarungen kommt. Die Arten bleiben daher in der Natur genetisch voneinander getrennt. Diese Isolation verhindert, daß wichtige Anpassungen, die im Erbgut gespeichert sind, durch falsche Paarungen durcheinander kommen oder verloren gehen. Die

Vielfalt der Arten und ihre Aufteilung in unterscheidbare Einheiten (die Arten) beruht auf dieser genetischen Isolation. Bei der Festlegung von neuen Arten bedarf es daher der Überprüfung, inwieweit sie tatsächlich von den anderen, ihnen ähnlichen, genetisch isoliert sind. Beruht diese Isolation nur auf dem Umstand, daß die Individuen der einen Population in einem bestimmten Gebiet vorkommen, das die Individuen einer anderen nicht erreichen, weil sich eine nahezu unüberwindliche Barriere zwischen ihnen befindet (ein Gebirgsmassiv oder – bei Gebirgsarten – ein ausgedehntes Flachlandgebiet), so braucht es deswegen noch nicht zu einer Ausbildung von Kreuzungssterilität gekommen sein, auch wenn die Angehörigen beider Populationen in Färbung, Zeichnung oder Körperbaumerkmalen klar genug voneinander abweichen, um sie eindeutig voneinander zu unterscheiden. Bleibt der Bau der Fortpflanzungsorgane unverändert oder lassen sich Angehörige beider Populationen im Experiment tatsächlich erfolgreich miteinander kreuzen, so handelt es sich noch nicht um 2 verschiedene Arten, sondern vielmehr um Unterarten (Subspezies) einer Art.

Diese Situation finden wir immer dort besonders häufig, wo die Arten stark aufgesplitterte Areale besiedeln. Nicht selten besitzt dann jedes Vorkommen seine eigene Unterart. Manchmal klappt es bei weit auseinanderliegenden Populationen dann mit der Kreuzung nicht mehr, weil sie sich schon zu stark voneinander wegentwickelt haben. Diese »Wegentwicklung« geschieht durch Anpassung an die lokalen Lebensbedingungen. Sie verläuft schnell, wenn die Populationen sehr ortstreu sind und wenig Neigung zum Wandern entfalten. Umgekehrt vermischen wandernde Individuen immer wieder die örtlichen Populationen untereinander bei Arten, die mobil genug sind. Unsere Wanderfalter bilden daher in ihren europäischen Vorkommen auch keine Unterarten aus, obwohl sie unter allen möglichen, speziellen Umweltbedingungen lokal existieren. Die Taxonomie hat daher auch in besonderem Maße die tiergeographischen Gegebenheiten zu berücksichtigen. Sie muß sich insbesondere davor schützen, aufgrund einiger weniger Individuen, die vielleicht gar nicht repräsentativ für ihr örtliches Vorkommen sind, gleich neue Unterarten oder gar Arten aufzustellen und ihnen Namen zuzuteilen. Viele solcher Namen wurden voreilig vergeben und mußten später, nachdem sie oft jahrelang die Arbeit mit der betreffenden Gruppe belastet hatten, wieder eingezogen werden.

Die Benennung einer Art

Da nicht wenige Namen von Schmetterlingen von Amateur-Lepidopterologen vergeben worden sind und auch heute noch an der Namensgebung gearbeitet wird, soll der Vorgang hier noch etwas genauer dargestellt werden, um Fehlern möglichst vorzubeugen.
Grundsätzlich besteht der Wissenschaftliche Name einer Art aus 2 Teilen, dem eigentlichen Artnamen und der Gattung, der diese Art zugerechnet wird. Der Apollo heißt daher *Parnassius apollo. Parnassius* ist die Gattung (d. h. die engere Gruppe der Apollofalter), *apollo* die Artbezeichnung. Doch damit wäre der Name in streng taxonomischem Sinne noch nicht vollständig. Es muß nämlich dazu angegeben werden, wer diesen Namen zugeteilt hat (der sogenannte »Autor«) und das Jahr, in dem die Namensgebung erfolgte. Wie sich gleich zeigen wird, ist diese Forderung ausgesprochen sinnvoll. Der Apollo-Falter lautet daher vollständig und richtig *Parnassius apollo* LINNAEUS 1758. Das bedeutet, daß der große schwedische Naturforscher Linné den Apollo als solchen benannt hat. Als Carolus Linnaeus veröffentlichte Linné im Jahre 1735 erstmals ein umfassendes Werk über die Klassifizierung der Organismen nach diesem Prinzip der Doppelnamen (»binäres System«) mit dem Titel »Systema naturae«, dessen Auflage von 1758 die heute allgemein anerkannte Basis für die wissenschaftliche Namensgebung in der Zoologie geworden ist. Da Linné viele Pflanzen und Tiere beschrieb und sein Werk die Grundlage darstellt, wird sein Name meist abgekürzt als L. benutzt. Linné benannte den Apollo-Falter nach einem Vorkommen in Schweden. Dadurch wurde das schwedische Apollo-Vorkommen gleichzeitig als sogenannte »Nominatrasse« festgelegt. Die Unterart des Apollo-Falters, die in Südskandinavien vorkommt, heißt daher *Parnassius apollo apollo* LINNAEUS 1758. Der Name besteht jetzt aus Gattung, Art und Unterart. Als nun viel später der Entomologe Stichel im Fränkischen Jura Apollos näher untersuchte, stellte er fest, daß sie sich in einer Reihe von Merkmalen von den skandinavischen unterscheiden. Doch der Bau der Genitalien beweist, daß sie mit jenen theoretisch noch kreuzbar wären, wenngleich kaum jemals mehr Apollos vom Fränkischen Jura bis Schweden fliegen werden. Die neu gefundenen Apollo-Falter mußten daher den Rang einer Unterart bekommen. Sie heißt *Parnassius apollo melliculus* STICHEL 1906.
Würde jetzt jemand aus dem glei-

Die sehr standorttreuen Apollo-Falter neigen zur Ausbildung geographischer Rassen.

chen Gebiet wieder Apollo-Falter untersuchen und Unterschiede finden, die Stichel bei der Erstbeschreibung im Jahre 1906 noch nicht bekannt gewesen sind, so dürfte er dennoch diesen Faltern keinen neuen Namen geben. Denn der jeweils älteste ist, mit gewissen Einschränkungen, stets der gültige. Die Einschränkungen kommen beispielsweise dann in Betracht, wenn jemand eine alte Beschreibung findet, die jahrhundertelang unbekannt geblieben war, weil sie an sehr schwer zugänglicher Stelle veröffentlicht worden war. Dann muß ein ansonsten gut eingeführter, oft gebrauchter Name nicht nach dem »Prioritätsgrundsatz« geändert werden, wenn die Internationale Zoologische Nomenklaturkommission damit einverstanden ist. In der großen Mehrzahl der Fälle gilt aber der zuerst gegebene Name. Daher ist die Jahreszahl so wichtig. Dieses Vorgehen verhindert, daß bei der für einen Einzelnen nicht überschaubaren Fülle von Arten und Unterarten ein Chaos dadurch entstünde, daß jeder nach seinem Gutdünken wissenschaftliche Namen vergibt. Das ist in der Vergangenheit oft genug geschehen und auch heute sind noch längst nicht alle Tiergruppen von dem Ballast der sogenannten Syn-

onyme, der Doppelnamen, befreit. Wer Neubeschreibungen vornimmt, muß dies daher ganz streng nach den »Nomenklaturregeln«, die international festgelegt sind, tun. Sonst schaft er nicht weitere Ordnung, sondern er vergrößert das Durcheinander.
Diesem formalen Gesichtspunkt entspricht ein biologischer, der leider bis heute und auch von Fachlepidopterologen nicht immer gut genug berücksichtigt wird. Es ist dies die natürliche Variation innerhalb einer Art. Neubeschreibungen sollten in der Regel nicht anhand von einzelnen Individuen vorgenommen werden, sondern erst dann, wenn eine Serie vorliegt, die Männchen und Weibchen in genügender Anzahl enthält, damit sich die statistische Variationsbreite präzise genug berechnen läßt oder damit das Variieren von Mustern deutlich wird. Insbesondere Unterarten sind in großem Umfang völlig unnötig beschrieben worden, weil aus lokalen Populationen nur wenige Individuen vorlagen, die als »typisch« erachtet wurden, ohne daß man die Variationsbreite kannte. Solche Art- oder Unterartbeschreibungen belasten die Systematik und stellen ein unwissenschaftliches Vorgehen dar. Der berechtigte Stolz, einer bislang unbekannten Art den Namen gegeben zu haben, darf nicht zur Triebfeder ungezügelter »Neubeschreibungen« werden, die sich bloß als Ballast erweisen oder die gar Arten betreffen, die schon ein anderer beschrieben hat. Gründlichstes Studium der Fachliteratur kommt daher als dritte Forderung hinzu, um Doppel- und Mehrfachbeschreibungen zu vermeiden.
Bei der Neubeschreibung wird ein repräsentatives Exemplar ausgewählt, das diese neue Art verkörpern soll. Diese sogenannten »Typus-Exemplare« sind in erster Linie dazu nötig, um bei unvollständigen Beschreibungen oder neuen Erkenntnissen, die später auftauchen, einen klaren Bezug zu haben, was mit dem Namen tatsächlich gemeint war. Sie bringen aber Gefahren mit sich. Erstens wird ihre Bedeutung automatisch überbewertet, weil niemals ein einzelnes Individuum eine ganze Art darstellen kann. Stets wird die Art aus mehr Eigenschaften bestehen und mehr Merkmale umfassen, als ein »Typus-Exemplar«. Andererseits besteht die Gefahr, daß das Typus-Exemplar verloren geht, dann fehlt der Bezug. Jeder Lepidopterologe, der ein neues Taxon beschreibt, sollte daher bestrebt sein, eine Serie von repräsentativen Individuen auszuwählen, also zum Typus-Exemplar noch die sogenannten »Paratypen« hinzunehmen. Werden diese auf die großen Museen der

Welt mit einschlägigen Sammlungen in den betreffenden Schmetterlingsgruppen verteilt, so wird der »Typus« erheblich gesicherter sein, als wenn nur ein einziges Stück davon vorhanden ist. Für den taxonomisch tätigen Lepidopterologen ist daher der Kontakt mit den führenden Forschungsmuseen der Welt unerläßlich. Die Namensgebung gilt für alle Völker. Sie wird in China genauso beachtet und verwendet, wie in den Staaten mit lateinischen oder cyrillischen Buchstaben. Sie ist in diesem Sinne wirklich international.

Das zoologische System der Arten

Auf den Arten baut nun das zoologische System sein umfangreiches, immer vielfältiger werdendes Gebäude auf, das – so die Zielsetzung – möglichst gut die stammesgeschichtlichen Zusammenhänge, also die verwandtschaftlichen Gegebenheiten widerspiegeln soll. Dieses System weist jeder Art einen eindeutigen Platz zu. Verfolgen wir es am Beispiel des Apollo-Falters:

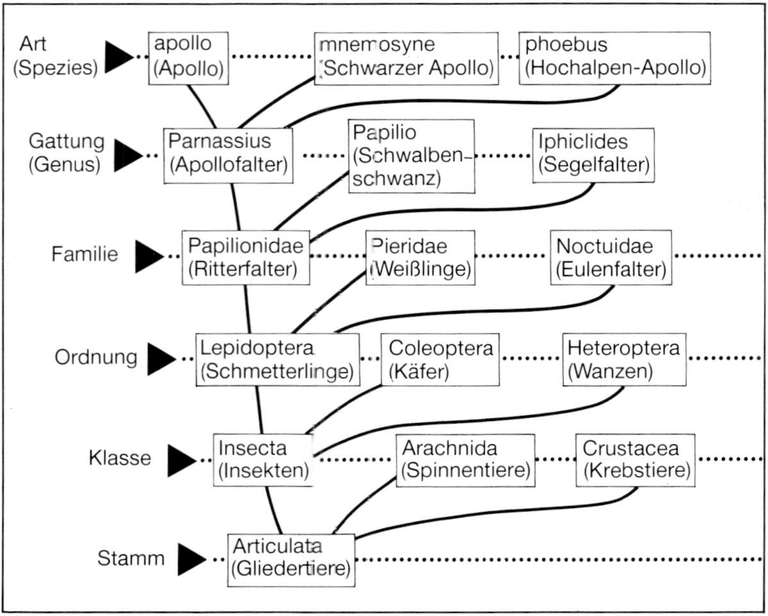

Trotz der Fülle von Arten, bei Insekten ist es mehr als 1 Million, die bereits beschrieben ist, gelangt man mit Hilfe dieser Einteilung stets schon in wenigen Schritten zur genauen Position und versteht damit auch sofort, wie die verwandtschaftlichen Verhältnisse aussehen. Die Arbeit am natürlichen System liefert daher Grundlagen für viele andere wissenschaftliche Forschungsrichtungen. Ohne sie wären Tiergeographie und Ökologie kaum denkbar, die Genetik sehr problematisch und die Physiologie käme auf keine reproduzierbaren Befunde, wenn nicht gesichert wäre, daß die Experimente, die miteinander verglichen werden sollen, stets an den gleichen Arten erfolgen.

Natürlich hängt die relative Bedeutung der Systematik von der Art der Fragestellungen ab. Wenn beispielsweise für eine Vogelart, die vorwiegend von Schmetterlingen und anderen Großinsekten lebt, das verfügbare Nahrungsangebot bestimmt werden soll, dann wird die Einteilung in grobe Gruppierungen genügen. Bis zum Artniveau braucht man da nicht vorzudringen. Wenn aber Schmetterlingsraupen Bäume entlauben, dann ist es insbesondere für die biologische Schädlingsbekämpfung außerordentlich wichtig, genau zu wissen, um welche Raupen es sich handelt. Die Lepidopterologie, die wissenschaftliche Schmetterlingskunde, hat daher weit über die oftmals gering geschätzte Namensgebung hinaus Bedeutung. Es gehört nicht nur Können dazu, sondern wirkliche Kenntnis, wenn man Schmetterlinge erkennen möchte. Doch niemand wird alle Arten kennenlernen. So bleibt eine weite Spanne von oberflächlicher Kenntnis bis hin zur detaillierten Studie und zu profundem Wissen. Die Schmetterlingskunde umfaßt eine Vielzahl von Amateuren, die ob ihrer Kenntnisse ganz zu Recht als Lepidopterologen bezeichnet werden. Die Übergänge zur Wissenschaft sind hier wie auch auf anderen Gebieten fließend. Der Beitrag der Amateure besitzt einen unschätzbaren Wert. Ohne sie läge die Lepidopterologie auf einem viel geringerem Kenntnisstand.

Übersicht über wichtige Schmetterlingsfamilien und Familiengruppen

Mehr als 3000 Arten von Schmetterlingen kommen allein in Mitteleuropa vor. Weltweit sind es mehr als 150000 Arten. Diese Fülle kann kein einzelner Schmetterlingsfachmann überblicken und bewältigen. Auch bei den mitteleuropäischen Arten wird man so schnell nicht alle

zu erkennen lernen. Manche lassen sich nur durch genaue Untersuchungen bei Vorliegen von Vergleichsmaterial bestimmen. Besonders schwierig sind die kleinen, oftmals geradezu winzigen Arten aus der großen Gruppe der Kleinschmetterlinge. Bei der Artenfülle setzt aber schon bei Großschmetterlingen eine Bestimmung voraus, daß man die gesuchte Art wenigstens der Gruppe zuordnen kann, zu der sie gehört. Bei manchen Gruppen gelingt dies einfach, bei anderen ist es schwieriger. Die nachfolgende Zusammenstellung soll diese Zuordnung erleichtern. Sie charakterisiert die wichtigsten Familien und Familiengruppen der mitteleuropäischen Schmetterlinge und weist auch auf einige biologische Besonderheiten hin, die diese Familien auszeichnen. Überblickt man die wesentlichen Kennzeichen dieser Gruppierungen, dann wird es weniger Mühe machen, eine Art genau zu bestimmen, weil man weiß, wo man mit der Suche zu beginnen hat.
Die hier gewählte Aufteilung folgt rein praktischen Gesichtspunkten, wie sie bei der Freilandarbeit entstehen. Sie entspricht nicht einer stammesgeschichtlichen Anordnung und sie enthält auch nicht die für die systematische Zuordnung wichtigen Kennzeichen. Denn die Einführung in die wichtigsten Schmetterlingsgruppen soll primär dem Schmetterlingsbeobachter dienen. Für die präzise Begründung der taxonomischen Einheiten und ihre Abgrenzung gegenüber anderen muß auf die Spezialliteratur verwiesen werden. Wesentliche Punkte enthält für den näher interessierten Laien das kleine Handbuch über die Insekten Mitteleuropas von M. Chinery (1976). Es ermöglicht eine erste Orientierung über die morphologischen Kriterien, die für die Einteilung der Schmetterlingsfamilien angewandt worden sind.

Tagfalter *(Papilionoidea)*
Große, offen und angehoben gehaltene Flügel, die oft auffällige Farben oder Muster auf beiden Flügelpaaren tragen, kennzeichnen die tag-

Tagfalter

aktive Gruppe der Tagfalter. Sie wird als Überfamilie gewertet, weil sie sich aus mehreren, deutlich voneinander unterscheidbaren Familien zusammensetzt. Typisch sind die keulenförmigen Fühler. Bei den

Familien mit den »großen Tagfaltern«, den Augenfaltern *(Satyridae)* und den Edelfaltern *(Nymphalidae)*, sind die Vorderbeine verkürzt oder, wie bei den Weißlingen *(Pieridae)* und Ritterfaltern *(Papilionidae)*, normal ausgebildet. Viele Tagfalter zeigen einen unsteten, gaukelnden Flug dicht über der Vegetation. Eine

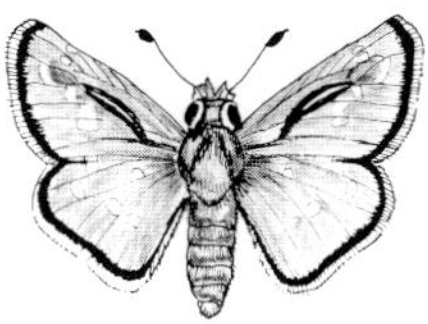

Dickkopffalter

Familie, die Dickkopffalter *(Hesperiidae)*, weicht sehr stark vom sonstigen Aussehen der Tagfalter ab. Sie wird von manchen Schmetterlingssystematikern als eigenständige Gruppe betrachtet, die mit den Tagfaltern nicht näher verwandt ist, sondern sich durch ihre tagaktive Lebensweise in manchen Punkten diesen genähert hat.

Widderchen *(Zygaenidae)*
Die auch als »Blutströpfchen« bezeichneten Widderchen fliegen am Tage. Sie besitzen intensiv gefärbte, oft rote und schwarze Muster bildende, einfache Flügel, die in Ruhe leicht dachförmig über dem Körper zusammengelegt werden (Abb. S. 166). Die Fühler sind keu-

Widderchen

len- oder kolbenförmig verdickt; sie können Kammzähne tragen. Die Widderchen ertragen erstaunlich hohe Konzentrationen von Blausäure, was offenbar mit ihrer eigenen Giftigkeit zusammenhängt.

Bärenspinner *(Arctiidae)*
Die Familie der Bärenspinner enthält recht unterschiedliche Gruppen, die als »Groß«- bzw. »Kleinbären« zusammengefaßt werden. Die Kleinbären sind unscheinbar, gelb-

Kleinbären

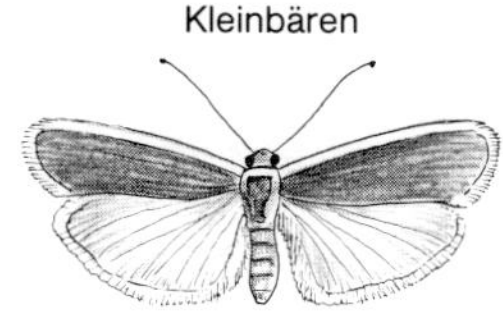

Großbären

lich gefärbt und sie legen in Ruhe die Flügel eng über dem Körper zusammen oder rollen sie sogar ein wenig ein. Die Großbären tragen dagegen bei dick bepelztem Körper auffällige Muster (»Warntrachten«). Ihre Raupen sind dicht behaart (Name!). Viele Arten verfügen über Gift- und Abwehrstoffe. Sie verhalten sich träge.

Spinner *(Bombyces)*
Diese aus unterschiedlichen Familien zusammengesetzte Gruppe fällt durch dicke, kräftige, meist stark behaarte Körper, breitflächige Flügel und langsamen Flug auf. Bei manchen Arten fliegen die Weibchen kaum noch oder ihre Flügel sind reduziert. Die wichtigsten Familien sind die Schadspinner *(Lymantriidae)*, die Prozessionsspinner *(Thaumetopoeidae)*, die Glucken oder Wollraupenspinner *(Lasiocampidae)*, die Nachtpfauenaugen *(Saturniidae)* und die Zahnspinner *(Notodontidae)*. Auch die

Schadspinner

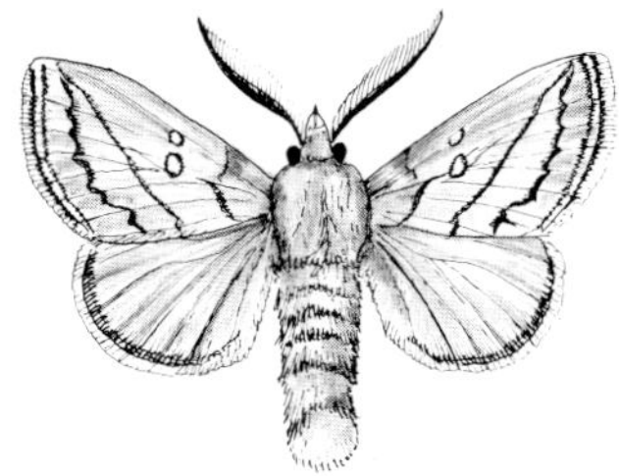

Glucken

Zahnspinner

Sichelflügler *(Drepanidae)* werden hier eingereiht. Die Männchen dieser Falter besitzen in der Regel stark gekämmte Fühler. Bei den Zahnspinnern greift ein zahnartig vorspringendes Schuppenbüschel vom Vorder- auf den Hinterflügel über. Bei den Sichelflüglern ist die Flügelspitze (Vorderflügel) sichel-

Nachtpfauenaugen

förmig ausgezogen. Die Nachtpfauenaugen erkennt man an der Augenzeichnung auf Vorder- und Hinterflügeln (Abb. S. 39). Bei den Prozessionsspinnern vollführen die stark behaarten Raupen »prozessionsartige« Wanderungen. Schließlich vermittelt eine Gruppe kleinerer Falter zu den Eulenschmetterlingen. Sie werden als Eulenspinner *(Cymatophoridae)* bezeichnet. Im Aussehen erinnern sie stärker an die Eulen als an die Spinner. Man sollte an diese Gruppe denken, wenn man die betreffenden Arten in einem Bestimmungsbuch für Eulen nicht findet (z. B. Achateule, *Habrosyne derasa,* oder Roseneule, *Thyatira batis).*

Schwärmer *(Sphingidae)*
Die ziemlich einheitliche Gruppe der Schwärmer zeichnet sich durch

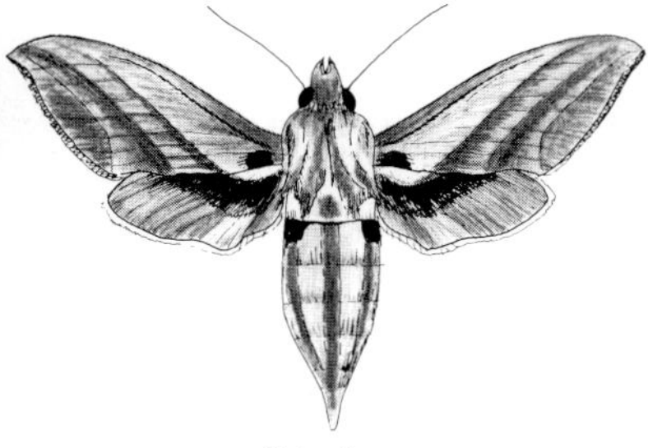

Schwärmer

kräftige, schnittige Flügel und einen ebenfalls kräftigen, aber schlank oder stromlinienförmig wirkenden Körper aus. Es handelt sich durchwegs um gute Flieger, von denen einige wenige auch tagaktiv geworden sind (Taubenschwänzchen, Hummel- und Skabiosenschwärmer). Zu den Schwärmern gehören die kräftigsten mitteleuropäischen Falter. Die Hinterflügel sind erheblich kleiner als die beim Fliegen die Hauptarbeit leistenden Vorderflügel. Die walzenförmigen, fast unbehaarten Raupen tragen auf dem 11. Hinterleibsegment eine vorspringende Ecke oder ein richtiges Horn (Abb. S. 41 und S. 153).

Sackträger *(Psychidae)*
Diese merkwürdige Schmetterlingsfamilie weicht in vielen Details von allen anderen ab. Das Weibchen ist stets flügellos. Bei manchen Arten verläßt es den sackförmigen Unterschlupf der Raupenzeit nie und wird dort, ohne daß es aus der Puppenhülle vollständig ausschlüpfen würde, von den flügeltragenden Männchen begattet. Die kleinen Männchen leben nur kurze Zeit. Form und Material des Raupensakkes sind für die einzelnen Arten typisch.

Sackträger

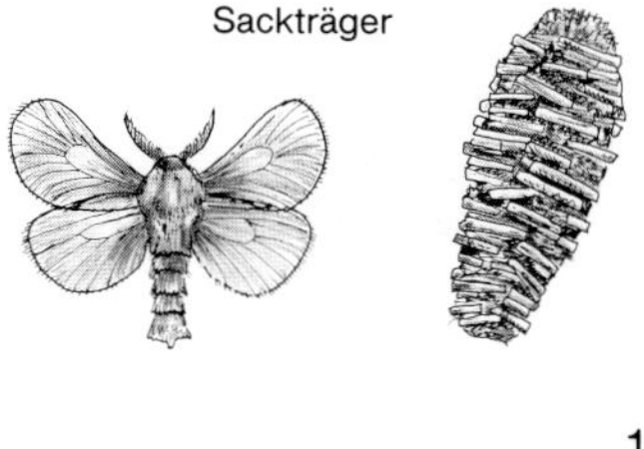

Schmetterlingskunde

Glasflügler *(Aegeriidae)*
Die auch Sesien genannten Glasflügler stellen eine Sonderrichtung in der Anpassungsreihe der Schmetterlinge dar. Sie vermindern oder verlieren die sonst für die Falterflügel so kennzeichnenden Schuppen und bekommen dadurch glasartig durchsichtige oder durchscheinende Flügel, die an Bienen, Wespen und andere Hautflügler

Glasflügler

(Hymenoptera) erinnern (Abb. S. 31). Diese Ähnlichkeit wird als Nachahmung (Mimikry) gedeutet. Die schuppenfreien Partien auf den Flügeln nennt man »Glasfenster«. Ihre Raupen minieren in Stengeln, Ästen und Wurzeln.

Holz- und Wurzelbohrer
(Cossidae und Hepialidae)
Diese großen oder mittelgroßen Falter fallen durch ihren kräftigen, meist über die Flügel hinausragen-

Wurzelbohrer

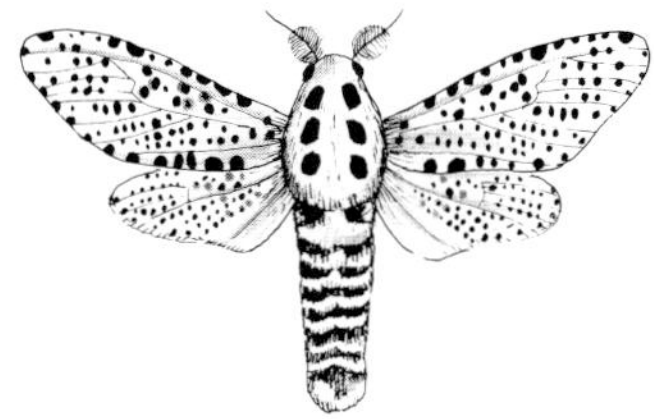

Holzbohrer

den Körper, ihren einfachen Schwirrflug und die kurzen Fühler auf. Ihre Flügel sind sehr primitiv gebaut. Die Raupen bohren im Holz oder befressen unterirdisch die Wurzeln.

Eulen *(Noctuidae)*
Mit über 500 Arten stellen die Eulenfalter in Mitteleuropa die artenreichste Gruppe dar. Abgesehen von den schon genannten Eulenspinnern sind sie gegen die anderen Falterfamilien gut abgegrenzt. Sie besitzen in der großen Mehrzahl einen kräftigen Körper, tarnfarbig gezeichnete Vorderflügel mit charakteristischen Zeichnungselementen, wie Ring-, Nieren- und Zapfenmakel, Quer- und Wellenlinien, Mittelschatten, Wurzelstrieme und Pfeilflecke. Diese Zeichnungsbestandteile kommen jedoch nicht bei allen Arten gleichermaßen vor. Doch ihre Grundanordnung bleibt gewahrt. Die Hinterflügel werden von den dachförmig getragenen Vorderflügeln abgedeckt.

Sie sind zeichnungslos oder besitzen höchstens eine schwache Fortsetzung der Vorderflügelzeichnung. Die Fühler sind meist fadenförmig. Bei einigen Arten tragen sie aber einen feinen Kamm. Die Schwankungsbreite der Faltergrößen reicht von wenigen Millimetern bei den kleinsten Arten bis hin zu den fast 10 cm Spannweite erreichenden Ordensbändern. Bei diesen tragen die Hinterflügel das auffällige Farbmuster, eine Schrecktracht, die von den Vorderflügeln abgedeckt wird, bis der Falter auf eine Störung reagiert (Abb. S. 32). Einige Eulen voll-

Eulen

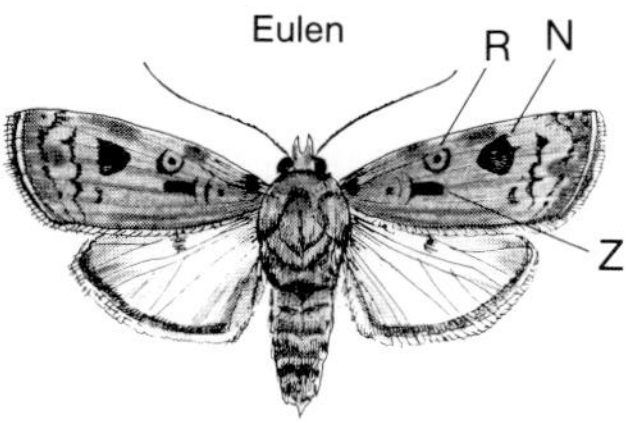

R Ringmakel
N Nierenmakel
Z Zapfenmakel

bringen beachtenswerte Flugleistungen. Die meisten sind mittelgute Flieger und ihre Flugbahnen verlaufen ziemlich geradlinig. Nur ganz wenige Arten wurden tagaktiv.

Spanner *(Geometridae)*
Nach den Eulen bilden die Spanner die zweitgrößte Großschmetterlingsgruppe. Diese Familie stellt in mancher Hinsicht ein Gegenstück zu den Eulen dar. Ihr Hauptentfaltungsbereich liegt in der Waldvegetation, während die Eulen stärker im offenen Gelände vertreten sind. Die

Spanner

Spanner tragen in der Regel ihre flächig ausgebildeten Flügel der Unterlage angedrückt – also ausgebreitet. Die Zeichnungsmuster erstrecken sich daher auch stärker auf die Hinterflügel. Ihren Raupen fehlen Bauchfüßchen, so daß sie beim Kriechen ein ganz typisches Bewegungsmuster entfalten. Die Nachschieber und das übriggebliebene Bauchfußpaar, das sehr weit hinten ansetzt, greifen fest zu. Dann hebt sich der Körper ab, bis die größte Streckung erreicht wird. Nun fassen die drei regulären Beinpaare der Brust die Unterlage und die Nachschieber lassen los. Das Hinterende wird dadurch nach vorne gezogen, bis der Körper bogenförmig gekrümmt verläuft. Diese Bewegungsfolge, das Spannerkriechen, kennzeichnet die Spannerraupen (Abb. S. 41). Bei den Faltern herrschen kleine, zarte Formen vor. Doch die Birkenspannergruppe enthält ziemlich kräftige Arten, die entfernt an Schwärmer erinnern, aber die Flügel flach ausgebreitet halten (Abb. S. 21). Die meisten Spanner sind nachtaktiv.

Kleinschmetterlinge
(Microlepidoptera)
Eine ganze Anzahl sehr unterschiedlicher Schmetterlingsfamilien wird in der Gruppierung der »Kleinschmetterlinge« zusammengefaßt. Systematisch stellt sie keine Einheit dar. Aus praktischen Gesichtspunkten kann man sie durchaus den Großschmetterlingen gegenüberstellen, wobei sich in der Körpergröße bei einigen Familien, beispielsweise bei den Zünslern *(Pyralidae)* Überschneidungen ergeben. Die Mehrzahl der Kleinschmetterlinge fällt jedoch in die »Größenkategorie« von weniger als 1 cm Flügellänge; die meisten spannen sogar nur wenige Millimeter. Ihre Bestimmung bleibt eingearbeiteten Spezialisten vorbehalten. Die Anpassungen und Lebensformen der Kleinschmetterlinge sind so vielgestaltig, daß sich keine allgemeine Regel aufstellen läßt. Wer aber die dazu notwendige Geduld und Begeisterung besitzt, sich in die Wunderwelt dieser Miniaturschmetterlinge einzuarbeiten, der wird bald überrascht, ja fasziniert sein, von ihrer Formenvielfalt. Doch dazu benötigt man zumindest starke Lupen und zur Bestimmung Spezialliteratur. Alle für den Laien verfügbaren Schmetterlingswerke enthalten nur eine ganz geringe Auswahl aus dem Artenspektrum der Kleinschmetterlinge. Bei »Bestimmungen« mit solchen Büchern muß man daher sehr vorsichtig sein.

Zünsler

Palpenmotte

Wickler

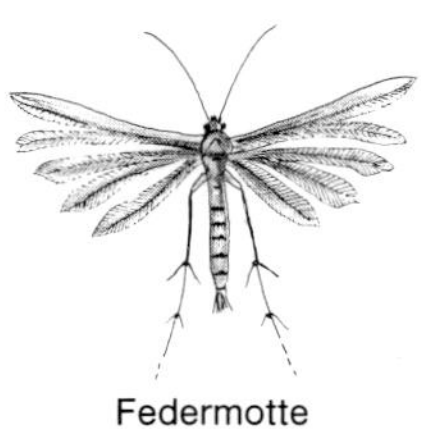

Federmotte

Anschriften

Zur Bestimmung der Schmetterlingsarten steht eine ausführliche Literatur zur Verfügung. Die für den Amateur-Lepidopterologen wichtigsten Bestimmungsbücher sind im Literaturverzeichnis genannt. Dennoch wird es immer wieder Probleme geben, die nur von Spezialisten gelöst werden können. Dort, wo die Literatur nicht weiterhilft, empfiehlt es sich, Rat bei den Zoologischen Museen mit Entomologischen Abteilungen oder größeren Schmetterlingssammlungen zu suchen. Fast alle größeren Zoologischen Museen im deutschsprachigen Raum verfügen über Spezialisten. Sie alle aufzuführen, würde den Rahmen dieses Buches sprengen. Auskünfte über die nächstliegende, am besten geeignete Sammlung oder Institution vermittelt die Sektion Schmetterlinge der Entomologischen Abteilung an der Zoologischen Staatssammlung in München. Ab Sommer 1984 lautet die Anschrift:

Zoologische Staatssammlung
Sektion Schmetterlinge
Postfach 650020
D-8000 München 65

Unter dieser Anschrift ist auch die Münchner Entomologische Gesellschaft e.V. zu erreichen. Sie hat ihren Sitz an der Zoologischen Staatssammlung und vermittelt Kontakte zu Schmetterlingskundlern. Mit einer Mitgliedschaft in dieser Gesellschaft wird der Interessierte insbesondere in die systematische Insektenkunde eingeführt.
Mit der Wanderung von Schmetterlingen befaßt sich die Deutsche Forschungszentrale für Schmetterlingswanderungen. Wer an der Mitarbeit bei der Wanderfalterforschung interessiert ist, sollte mit ihr Kontakt aufnehmen. Die Anschrift lautet:

Deutsche Forschungszentrale
für Schmetterlingswanderungen
Humboldtstr. 13
D-8671 Marktleuthen

Literatur – eine kommentierte Auswahl

Bestimmungsbücher sowie zusammenfassende Darstellungen über Biologie und Zucht von Schmetterlingen

BLAB, J. & O. KUDRNA (1982): Hilfsprogramm für Schmetterlinge. Kilda Verlag, Greven.
Ein kleines Naturschutz-Handbuch für Schmetterlinge mit Schwerpunkt auf Tagfaltern und Widderchen. Umfangreiche Hinweise auf Futterpflanzen der Raupen und Auflistung der Arten nach ihrem Vorkommen in den verschiedenen Lebensräumen.

Anhang

Für am Schmetterlingsschutz Interessierte ein wichtiges Buch!

CHINERY, M. (1976): Insekten Mitteleuropas. Verlag P. Parey, Hamburg und Berlin.
Dieses kleine Handbuch vermittelt die Grundlagen der systematischen Einteilung der Schmetterlinge und der anderen Insektengruppen von Mitteleuropa. Es eignet sich weniger zum Bestimmen von Arten, als zum Kennenlernen von Familien.

DIERL, W. (1981): Schmetterlinge. BLV Naturführer. BLV Verlagsgesellschaft, München. Der Führer stellt auf über 150 Fotos die häufigsten und bekanntesten heimischen Schmetterlinge vor.

ECKSTEIN, K. (1933): Die Schmetterlinge Deutschlands Bd. 5: Die Kleinschmetterlinge Deutschlands. K. G. Lutz Verlag, Stuttgart (nur antiquarisch zu erhalten).
Bietet einen Überblick über die in Mitteleuropa vorkommenden Arten der Kleinschmetterlinge. Nur ein Teil davon ist abgebildet; sehr kurze Beschreibungen.

FORD, E. B. (1976/1977): Moths & Butterflies. New Naturalist Series vol. 30 & 1 (Neuaufl.). Collins, London.
Sehr instruktive Übersicht über die Lebensweise der wichtigsten Schmetterlingsarten von Großbritannien. Die meisten Arten, die darin behandelt werden, kommen auch in Mitteleuropa vor. Außerdem führen beide Bücher in die allgemeine Biologie der Schmetterlinge ein.

FORSTER, W. & T. A. WOHLFAHRT (1960 ff): Die Schmetterlinge Mitteleuropas. 5 Bände.
Franckh'sche Verlagshandlung, Stuttgart.
Umfangreiches, systematisch auf neuem Stand befindliches Bestimmungswerk der Großschmetterlinge Mitteleuropas mit ausführlichen Farbtafeln. Für die genaue Artbestimmung eine wichtige Grundlage. Band 1 führt allgemein in die Lebensweise der Schmetterlinge ein. Die Bände 2 bis 5 behandeln die Tagfalter, Schwärmer, Bären, Spinner, Eulen und Spanner.

FRIEDRICH, E. (1975): Handbuch der Schmetterlingszucht.
Franckh'sche Verlagshandlung, Stuttgart.
Umfassende Anleitung zu Haltung und Zucht der Raupen europäischer Schmetterlinge mit vielen praktischen Hinweisen.

HIGGINS, L. G. & N. D. RILEY (1971): Die Tagfalter Europas und Nordwestafrikas. Verlag P. Parey, Hamburg und Berlin.
Umfassendes, ausgezeichnetes Bestimmungswerk über alle (!) europäischen Tagfalterarten mit Verbreitungskarten und Angaben zu Unterarten. Zum Bestim-

men der beobachteten Tagfalter hervorragend geeignet!

KOCH, M. (1963/1964/1958/1961): Wir bestimmen Schmetterlinge. Bd. I–IV (Tagfalter bis Spanner). Neumann Verlag, Radebeul und Berlin.
Umfassendes Bestimmungswerk für die mitteleuropäischen Groß-schmetterlinge anhand von Fototafeln. Alle Arten sind abgebildet; ausgenommen der alpine Bereich. Eine komplette Neuauflage befindet sich in Vorbereitung.

LYNEBORG, L. & N. JONSSON (1975): Nachtfalter. BLV Naturführer. BLV Verlagsgesellschaft, München.
Übersicht über die häufigsten und schönsten Arten der Nachtfaltergruppierung. Als Ergänzung zum Beobachten zu empfehlen.

NOVAK, I. & F. SEVERA (1980): Der Kosmos-Schmetterlingsführer. Franckh'sche Verlagshandlung, Stuttgart.
In über 1500 Farbbildern zeigt dieses handliche Bestimmungsbuch einen guten Querschnitt durch das Artenspektrum der europäischen Schmetterlinge.

REICHHOLF-RIEHM, H. (1983): Schmetterlinge. Steinbachs Naturführer. Mosaik Verlag, München.
Behandelt 468 europäische Schmetterlingsarten. Farbfotos. Bestimmungstexte und kurze Angaben zur Biologie der Arten. Zahlreiche Raupenbilder.

SAUER, F. (1982): Raupe und Schmetterling – nach Farbfotos erkannt. Dr. F. Sauer-Verlag, 8047 Karlsfeld, Eichenweg 8.
Auch dieser umfangreiche Fotobildband vermittelt einen guten Überblick über das Artenspektrum und eignet sich zum Einstieg in das Kennenlernen der Arten.

WESENBERG-LUND, C. (1943): Biologie der Süßwasserinsekten. Springer Verlag, Berlin und Wien.

WHALLEY, P. (1980): Butterfly watching. Severn House Publ., London.
Eine allgemeinverständliche Einführung in die Lebensweise der Tagfalter mit Angaben, wie man sie beobachten kann. Interessante Fotos und Zeichnungen ergänzen den Text.

Spezielle Literatur über Themen, die in diesem Führer behandelt wurden

DIERL, W. & J. REICHHOLF (1977): Die Flügelreduktion bei Schmetterlingen als Anpassungsstrategie. Spixiana 1:27–40.

HARZ, K. & H. WITTSTADT (1957): Wanderfalter. Neue Brehm-Bücherei Bd. 191. Ziemsen Verlag, Wittenberg.

Kurze Übersicht über Struktur und Einteilung von Schmetterlingswanderungen mit Darstellung der bekannten und weniger bekannten Wanderfalterarten.

REICHHOLF, J. (1970): Untersuchungen zur Biologie des Wasserschmetterlings Nymphula nymphaeata L. (Lepidoptera, Pyralidae) Int. Rev. ges. Hydrobiol. 55:687–728.

– (1972): Die Massenvermehrung der Gespinstmotte Yponomeuta evonymellus L. (Lepidoptera, Yponomeutidae) im Sommer 1971 am unteren Inn. Nachr. bl. bayer. Entomologen 21:106–116.

– (1973): Die Bedeutung nicht bewirtschafteter Wiesen für unsere Tagfalter. Natur u. Landschaft 48:80–81.

– (1977): Mimikry beim Bärenspinner Spilarctia lubricipeda L. (Lepidoptera, Arctiidae). Spixiana 1:41–44.

– (1978): Die Gespinstmotte auf der Traubenkirsche. Sielmanns Tierwelt 8/1978: 30–35.

– (1978): Zur Nischenwahl mitteleuropäischer Wasserschmetterlinge. Nachr. bl. bayer. Entomologen 27:116–126.

– (1978): Wasserschmetterlinge I: Atmungsmechanismen der Raupen. Mikrokosmos 67:294–298.

– (1978): Zur räumlichen Struktur des Zugmusters der Wanderflüge von Admiral (Vanessa atalanta) und Großem Kohlweißling (Pieris brassicae) an der Adria. Dtsch. Ent. Z., N.F. 25:191–194.

– (1979): Wasserschmetterlinge II: Puppen und Imagines. Mikrokosmos 68:140–144.

– (1981): Ein Durchzug von Tagpfauenaugen (Inachis io) im Sommer 1979 im südostbayerischen Inntal. Atalanta 12:81–86.

REINHARDT, R. (1972): Der Landkärtchenfalter. Neue Brehm-Bücherei Bd. 458. Ziemsen-Verlag, Wittenberg.
Kurze Monographie über diesen durch seinen Saison-Dimorphismus auffallenden Tagfalter.

ROER, H. (1965): Kleiner Fuchs, Tagpfauenauge, Admiral. Neue Brehm-Bücherei Bd. 348. Ziemsen-Verlag, Wittenberg.

URQUHART, F.A. (1960): The Monarch Butterfly. University of Toronto Press, Toronto, Canada.
Umfassende Zusammenstellung der Biologie des Monarch-Falters; jedoch noch ohne Kenntnis des Hauptüberwinterungsgebietes in Mexiko.

URQUHART, F.A. & B. LAVIES (1976): Found at last: the Monarch's winter home. National Geographic Magazine 150: 161–173.
Bericht über die Entdeckung des Hauptüberwinterungsgebietes der Monarch-Falter in Mexiko mit ausgezeichneten Fotos.

Register

Schräggestellte Zahlen verweisen auf Seiten mit Abbildungen

Weiterführende Literatur zum Thema:

BLV Naturführer 120

Wolfgang Dierl
Schmetterlinge

Die bekanntesten heimischen Tag- und Nachtfalter: Merkmale, Vorkommen, Entwicklung und Lebensweise.
127 Seiten, 152 Farbfotos, 1 Zeichnung

BLV Naturführer 111

Wolfgang Dierl
Insekten

Schmetterlinge, Käfer, Libellen und andere heimische Insekten: Merkmale, Vorkommen, Entwicklung und Lebensweise.
2. Auflage, 143 Seiten, 128 Farbfotos, 36 Zeichnungen

BLV Naturführer 122/123

Einhard Bezzel
Mein Hobby: Vögel beobachten

Die Grundlagen der Vogelbeobachtung, Hinweise zur Ausrüstung sowie Informationen über Vogelstimmen, Brutbiologie, Spurenkunde, Ökologie und Vogelschutz.
191 Seiten, 84 Farbfotos, 38 s/w-Fotos, 25 Zeichnungen, 6 Sonagramme

BLV Bestimmungsbuch 15

Ake Sandhall
Insekten + Weichtiere

Alle wichtigen Kleintiere wie Insekten, Spinnen, Krebstiere, Würmer, Muscheln, Schnecken u. a. in ihren Lebensräumen.
2. Auflage, 208 Seiten, 432 Farbfotos, 250 Zeichnungen

In unserem Verlagsprogramm finden Sie Bücher zu folgenden Sachgebieten:

Garten und Zimmerpflanzen · Natur · Haus- und Heimtiere · Angeln, Jagd, Waffen · Sport und Fitness · Wandern und Alpinismus · Auto und Motorrad · Essen und Trinken · Basteln, Handarbeiten, Werken.

Wünschen Sie Informationen, so schreiben Sie bitte an:
BLV Verlagsgesellschaft, Postfach 40 03 20, 8000 München 40.

BLV Verlagsgesellschaft München